EMO
TIO
NEN

Zum Buch

Sie sind die unsichtbare Kraft, die unser Leben lenkt, unsere Erfahrungen prägt und jede unserer Entscheidungen beeinflusst.

Aber was wäre, wenn wir die Macht unserer Emotionen nutzen würden?

In diesem Buch tauchen wir in die Tiefen unserer Gefühlswelt ein und enthüllen Geheimnisse rund um unsere Affekte auf eine Art und Weise, die unsere Beziehungen verbessern, unsere Produktivität steigern und unser Wohlbefinden beflügeln kann.

Abwechslungsreiche Anekdoten und praktische Tipps geben diesem Buch einen alltagstauglichen Rahmen und zeigen Chancen auf, wie man sein volles Potenzial entfalten und ein erfüllteres Leben führen kann.

Zum Autor

Jean-Pascal Ansermoz wurde als Schweizer im September des Jahres 1974 in Dakar (Senegal) geboren. Er ist einer, der mit Leichtigkeit über den Röschtigraben springt, schrieb er doch bis 2009 nur in französischer Sprache. Weltenbürger, Romand und Deutschschweizer in einem: ein Autor mit Hang zum Kriminellen, aber auch zu Poetischem, Literarischem, Alltäglichem und Besonderem.

Mehr Infos unter: **www.jeanpascalansermoz.ch**

Jean-Pascal Ansermoz

Emotionen

Eine Spurensuche

1.Auflage 2023 *Jean-Pascal Ansermoz*

ISBN: 978-3-7528-3079-8

Herstellung und Verlag: BoD – Books on Demand, Norderstedt

Lektorat: Michael Lohmann, worttaten.de

Die Deutsche Nationalbibliothek verzeichnet diese Publikation in der Deutschen Nationalbibliografie; detaillierte biblio-grafische Daten sind im Internet über http://dnb.dnb.de abrufbar.

»*Dem stärksten Willen fehlt oft die Kraft,
die einer zarten Emotion selbstverständlich ist.*«

Elfriede Hablé

Inhaltsverzeichnis

Dritter Teil: Wie nutze ich Emotionen

Anhang: Die Tipp-Trick-Kiste 167

Warum ein weiteres Buch über Emotionen?

»Ich habe keine Angst vor Stürmen.
Ich lerne, wie ich mein Schiff steuern muss.«
Louisa May Alcott

Emotionen spielen in unserem täglichen Leben eine wichtige Rolle. Sie prägen unser Denken, unser Handeln und unser Erleben. Und nicht zuletzt auch unsere Entscheidungen.

In jüngster Zeit und angesichts der beispiellosen Veränderungen und Unsicherheiten, mit denen wir als globale Gesellschaft konfrontiert sind, wurde das Verständnis für Emotionen wichtiger als je zuvor.

Die COVID-Pandemie, der Klimawandel, soziale Unruhen und andere aktuelle Herausforderungen haben zu einem Anstieg von Stress, Angst und negativen Emotionen geführt, sodass es für uns immer wichtiger wird, unsere Reaktionsweisen zu verstehen und effektiv steuern zu können.

In diesem Buch erforschen wir die komplexe Welt der Emotionen und gehen dabei auf die verschiedenen Aspekte der emotionalen Intelligenz ein, um dir praktische Werkzeuge und Techniken an die Hand zu geben, die helfen können, die Herausforderungen der heutigen Welt zu meistern.

Ganz gleich, ob es um dein emotionales Wohlbefinden geht, oder darum, Stress zu bewältigen, ob du deine Beziehungen verbessern oder in deinem Privat- und Berufsleben erfolgreicher sein möchtest – dieses Buch bietet dir wertvolle Einblicke und Strategien, die dir helfen, künftig auch schwierige Situationen zu meistern.

Erster Teil

Was sind Emotionen?

Emotionen sind komplexe psychologische und physiologische Zustände, die durch Erfahrungen von Freude, Wut, Angst, Traurigkeit oder anderen Gemütszuständen definiert werden. Emotionen entstehen unter anderem durch äußere Einflüsse, Gedanken, Erinnerungen oder körperlichen Empfindungen.

Aus psychologischer Sicht sind Emotionen subjektive Wahrnehmungen, die normalerweise mit einem bestimmten Reiz oder einer bestimmten Situation verbunden sind. So löst beispielsweise der Anblick eines geliebten Menschen Gefühle der Freude oder des Glücks aus, während der Gedanke an eine stressige Situation zu Gefühlen der Beunruhigung oder Angst führen kann.

Physiologisch gesehen sind Emotionen oft mit Modifikationen im Körper verbunden, wie zum Beispiel erhöhtem Herzschlag, Schwitzen oder Veränderung des Hormonspiegels. Diese körperlichen Modulationen sind Teil des körpereigenen Stressreaktionssystems, das uns darauf vorbereitet, auf eine Bedrohung oder Herausforderung zu reagieren.

Spirituell gesehen sind Emotionen nichts anderes als Energie in Bewegung. Sie verstärken eine Situation, um uns wissen zu lassen, dass man da genauer hinschauen sollte.

»Du bist vielleicht noch nicht in der Lage, dir
unbewusste Muster als Gedanken gewahr zu werden,
aber sie werden sich immer im Körper als Emotionen
zeigen, und deren kannst du dir bewusst werden.«
Eckhart Tolle

Emotionen sind ein wichtiger und natürlicher Teil unserer menschlichen Erfahrung. Wenn wir lernen, sie zu verstehen und mit ihnen umzugehen, können sie für uns die Einladung zu einem erfüllteren und sinnvolleren Leben sein.

Schon gewusst?

Vulnerabilität bezeichnet den Zustand, offen und der Möglichkeit von Schaden oder Gefahr ausgesetzt zu sein. Die Vulnerabilität kann sich in verschiedenen Aspekten des Lebens manifestieren, zum Beispiel in emotionaler, körperlicher, sozialer oder finanzieller Verwundbarkeit. Verwundbarkeit bedeutet oft, dass man seinen Schutz aufgibt, seine wahren Gefühle zum Ausdruck bringt und sich in einer unverfälschten und authentischen Weise zeigt.

> *»Verletzlichkeit ist keine Schwäche.*
> *Und dieser Mythos ist zutiefst gefährlich.«*
> *Brené Brown*

Auch wenn Verletzlichkeit wie eine Schwäche erscheinen mag, kann sie tatsächlich eine Stärke sein. Indem wir verletzlich sind, öffnen wir uns für tiefere Verbindungen und Beziehungen sowie für persönliches Wachstum und Heilung. Es erfordert Mut, verletzlich zu sein, denn es verlangt von uns, uns unseren Ängsten zu stellen und Risiken einzugehen.

Wie entstehen Emotionen?

Emotionen sind das Ergebnis komplexer Interaktionen zwischen verschiedenen Teilen des Gehirns, darunter dem limbischen System, dem präfrontalen Kortex und dem autonomen Nervensystem. Klingt zu kompliziert?

Ist es aber nicht.

Das *limbische System*, das die Amygdala, den Hippocampus und den Hypothalamus umfasst – zwischen der Großhirnrinde und dem Hirnstamm – ist in erster Linie für die Erzeugung und Regulierung von Emotionen verantwortlich. Vor allem die Amygdala (auch Mandelkern genannt) steuert unsere psychischen und körperlichen Reaktionen auf stress- und angstauslösende Situationen.

Der *präfrontale Kortex*, lokalisierbar im vorderen Teil des Gehirns, spielt eine entscheidende Rolle bei der Regulierung und Modulation emotionaler Reaktionen. Diese Hirnregion ist an der Planung, Entscheidungsfindung und Impulskontrolle beteiligt, was die Art und Weise beeinflussen kann, wie wir auf emotionale Reize reagieren.

Das *autonome Nervensystem* schließlich, zu dem der Sympathikus und der Parasympathikus gehören, ist für die Regulierung der physiologischen Reaktionen auf emotionale Reize verantwortlich, zum Beispiel Veränderungen der Herzfrequenz oder der Atmung.

All diese Areale des Gehirns und des Nervensystems arbeiten zusammen, um unsere emotionalen Erfahrungen zu erzeugen und zu regulieren. Die genaue Art und Weise, wie Emotionen entstehen, kann aber je nach spezifischer Situation, individuellen Unterschieden und anderen Faktoren variieren.

Der Prozess der Emotionsbildung kann in mehrere Phasen unterteilt werden:

1. Stimulus: Emotionen werden durch äußere Reize wie eine Person, ein Ereignis oder ein Objekt oder durch innere Reize wie Gedanken, Erinnerungen oder Überzeugungen ausgelöst.

2. Bewertung: In der Bewertungsphase geht es darum, den Reiz zu beurteilen und seine Bedeutung zu interpretieren. Dabei werden Faktoren wie die persönliche Gewichtung, frühere Erfahrungen und kulturelle Normen berücksichtigt.

3. Physiologische Reaktion: Emotionen werden von physiologischen Veränderungen im Körper begleitet, wie zum Beispiel Veränderungen der Herzfrequenz, der Atmung und der Muskelspannung.

4. Ausdruck: Emotionen drücken sich nicht nur durch verbale, sondern auch nonverbale Kommunikation aus, zum Beispiel durch Gesichtsausdruck, Tonfall oder Körpersprache.

5. Regulierung: Bei der Emotionsregulierung geht es darum, die auftretenden Reaktionen zu steuern oder zu modifizieren. Dies kann durch verschiedene Techniken geschehen, wie zum Beispiel durch tiefes Atmen, achtsames Umgehen mit der Situation und kognitive Aufarbeitung.

Der Prozess der Emotionsbildung wird von einer Reihe von Faktoren beeinflusst, darunter biologische, psychologische und soziale. Diese wirken stets auf komplexe Weise zusammen und prägen gemeinsam unsere emotionalen Erfahrungen.

Gedanken und Emotionen

»Ändere deine Gedanken und
du änderst deine Welt.«
Norman Vincent Peale

Gedanken und Gefühle sind eng miteinander verbunden, da sie sich gegenseitig beeinflussen. Unsere Gedanken lösen Emotionen aus, und die wiederum beeinflussen die darauffolgenden Wahrnehmungen und Gedanken. Ist einmal eine körperliche Reaktion in Gang, führen Emotionen zu Gedanken und diese Gedanken zu neuen Emotionen, die zum vermeintlich erkannten Szenario passen.

Wenn wir beispielsweise in eine Situation geraten, die wir als bedrohlich empfinden, wird sich unser Gehirn auf die potenzielle Gefahr fokussieren. Es wird Mechanismen in Bewegung setzen, die uns Angst oder Beklemmung suggerieren. Das Gleiche gilt aber auch bei positiven Gefühlen: Wenn wir in einer Situation oder einem Erlebnis Positives wahrnehmen, werden wir uns immer glücklicher oder zufriedener fühlen.

Nochmals: Fühlen wir uns manchmal traurig oder ängstlich, werden unsere Gedanken negativer oder pessimistischer, je länger wir darüber nachdenken, während positive Gefühle zu einem positiveren und optimistischeren Denken führen werden.

»Wir werden durch unsere Gedanken geformt; wir
werden zu dem, was wir denken. Wenn der Geist
rein ist, folgt die Freude wie ein Schatten,
der niemals verschwindet.«
Buddha

Die Beziehung zwischen Gedanken und Gefühlen ist komplex und bidirektional. Zu lernen, die Verbindung zwischen unseren Gedanken und Emotionen zu erkennen, und bewusst zu steuern, kann ein wichtiger Bestandteil der Emotionsregulation sein.

Im zweiten Teil dieses Buches werden wir uns damit beschäftigen, wie Emotionen funktionieren, im dritten dann, wie wir diese nutzen können.

Was ist denn überhaupt der Unterschied zwischen einer Emotion und einem Gefühl?

»Gefühle sind nur Besucher, lass sie kommen und
gehen. Emotionen sind wie Wellen, sie können
dich überwältigen, wenn du nicht aufpasst.«
Jonatan Mårtensson

Mit ›Emotion‹ wird der Gesamtbereich benannt, der vom Erleben und von der Erfahrung her als Stimmung, Gefühlserregung und Affekt bezeichnet wird.

Unter dem Begriff ›Gefühl‹ ordnen wir diejenigen Emotionen ein, für die wir einen Namen kennen, wie zum Beispiel Angst, Hoffnung, Freude, Abneigung oder Enttäuschung.

Gefühle sind also ein Teil der Emotionen.

Schon gewusst?

Schadenfreude ist eine komplexe Emotion, die sich auf das Gefühl der Freude oder Befriedigung bezieht, das man empfindet, wenn man das Unglück oder den Misserfolg eines anderen sieht.

> *»Der Mensch ist das einzige Tier, das errötet –*
> *oder erröten muss. Er ist das einzige Tier,*
> *dem der Unterschied zwischen dem,*
> *was ist, und dem, was sein sollte,*
> *auffällt. Er hat den Unterschied erfunden,*
> *und er kann ihn nicht ertragen.«*
> *Mark Twain*

Schadenfreude wird oft als negative Emotion angesehen, weil sie bedeutet, sich am Schmerz oder Unglück anderer zu erfreuen. Es handelt sich jedoch um eine weit verbreitete menschliche Emotion, die in der Psychologie und Philosophie anerkannt und untersucht wurde. Sie tritt in verschiedenen Zusammenhängen auf, zum Beispiel als Reaktion auf das Scheitern eines Konkurrenten, den Niedergang eines Prominenten oder sogar das Unglück eines Freundes.

Sie kann zwar ein vorübergehendes Gefühl der Befriedigung oder Erleichterung vermitteln, aber auch zu Schuldgefühlen, Scham oder Verlegenheit führen.

Emotionen und Überleben

Überlebensmechanismen sind mit unseren natürlichen Reaktionen auf wahrgenommene Situationen verbunden. Wenn wir etwa einer potenziellen Bedrohung begegnen, wird das Stressreaktionssystem unseres Körpers aktiviert, was zu einer Kette von physiologischen Veränderungen führt, die uns auf mögliche Kampf-, Flucht- oder Erstarrungsreaktionen vorbereitet.

Diese Verhaltensweisen sind Teil unserer evolutionären Überlebensmechanismen, die sich über Tausende von Jahren entwickelt haben, damit wir auf Bedrohungen und Herausforderungen in unserer Umgebung schneller reagieren können. So hilft uns beispielsweise das Gefühl der Angst, Gefahren zu erkennen und zu vermeiden, während Wut uns motivieren kann, uns selbst oder andere zu verteidigen.

Dieselben Mechanismen aber, die uns helfen, im Angesicht wirklicher Gefahr zu überleben, können zu situativ unangemessenen Reaktionsweisen führen, wenn wir etwa heftig oder unangebracht reagieren. Denn in unserer Gesellschaft gibt es nur noch sehr wenige Situationen, in denen wir physisch wirklich bedroht werden. Dennoch funktioniert unser Alarmsystem immer noch genauso wie vor Tausenden von Jahren.

Diese Unfähigkeit, aktuelle Stress- und Trauma-situationen richtig zu regulieren, führt unter Umständen zur Aneignung von Bewältigungsstrategien wie Drogenmissbrauch oder Selbstverletzungen.

Zusammenfassend lässt sich also sagen, dass Überlebensmechanismen zwar für unsere Fähigkeit, auf Bedrohungen und Herausforderungen zu reagieren, von entscheidender Bedeutung sind. Dass sie aber auch unsere emotionalen Erfahrungen sowohl positiv als auch negativ beeinflussen, je nach Kontext und unserer Fähigkeit, unsere Antwort auf äußere Reize zu regulieren.

Warum Menschen zu Negativität neigen

Das menschliche Gehirn neigt von Natur aus dazu, negative Erfahrungen oder Interaktionen stärker zu gewichten (und sich an sie zu erinnern) als positive. Psychologen bezeichnen diesen Vorgang auch als ›Negativitätsvoreingenommenheit‹.

Das hast du sicherlich im Alltag auch schon selbst bemerken dürfen.

Aber warum ist das so?

»Unsere Angst kommt nicht vom Nachdenken über die Zukunft, sondern vom Wunsch, sie zu kontrollieren.« Kahlil Gibran

Dieses Zitat unterstreicht etwas sehr Wichtiges. Nämlich dass unsere Neigung, negativ zu denken und uns Sorgen zu machen, oft mit der Angst vor Kontrollverlust zusammenhängt, die angesichts ungewisser Szenarien bei uns aufkommen.

Bei der Einschätzung einer solchen Situation sind mehrere Faktoren zu berücksichtigen:

1. Evolutionäre Faktoren: Im Laufe der Menschheitsgeschichte hatten diejenigen, die potenzielle Gefahren voraussehen konnten, eine

größere Chance zu überleben. Diese Fähigkeit wurde und wird über die Gene weitergegeben. Infolgedessen hat sich unser Gehirn so entwickelt, dass es auf negative Informationen empfindsamer reagiert.

2. Psychologische Faktoren: Negative Ereignisse oder Erfahrungen sind oft auffälliger und einprägsamer als positive. Dies wird als ›Negativitätsverzerrung‹ bezeichnet, das heißt: negative Ereignisse werden leichter erinnert und haben einen größeren Einfluss auf unsere Wahrnehmungen und Reaktionen.

3. Kulturelle Faktoren: In vielen Kulturen wird Negativität oft mit Skepsis und kritischem Denken assoziiert, während Positivität als naiv oder übermäßig optimistisch angesehen wird. Diese kulturelle Voreingenommenheit kann unsere Einstellungen und Überzeugungen gegenüber positiven und negativen Informationen beeinflussen.

4. Medienfaktoren: In der heutigen Zeit haben die Medien einen erheblichen Einfluss auf unsere Reaktion auf Situationen und Informationen. Die Presse konzentriert sich meist auf negative Nachrichten, da sie mehr Aufmerksamkeit erregen und mehr Interesse wecken als positive Geschichten.

Wie kann ich im Alltag positiver sein?

»*Ich habe herausgefunden, dass ich leide, wenn ich meine Gedanken glaube. Glaube ich ihnen nicht, leide ich nicht. Das ist für jedes Lebewesen wahr.*«
Katie Byron

Zuerst geht es darum, dir bewusst zu werden, dass du negativ denkst, um dann deine Gedanken in einem zweiten Schritt zu korrigieren.

Hier einige Möglichkeiten, die dich dabei unterstützen können:

- *Übe dich in Dankbarkeit*: Ertappst du dich beim negativen Denken, nenne dir drei Dinge, für die du gerade in diesem Moment dankbar bist. Du wirst sehen, dass deine Emotion sich relativ rasch verändern wird.

- *Fragen stellen*: Woher kommen diese Gedanken? Welche Möglichkeiten bieten sich mir, die ich vorher gar nicht in Betracht gezogen habe?

- *Umgib dich mit Positivem*: Verbringe Zeit mit Menschen und Dingen, die dir Mut machen und dich inspirieren. Wenn das gerade nicht möglich ist, höre einen Podcast von jemandem, der das geschafft hat, was du auch realisieren möchtest, oder höre ein Lied, das dich fröhlicher stimmt.

- *Selbstfürsorge*: Wie kannst du in dieser Situation für dich sorgen? Was würde dir jetzt Freude bereiten? Wie kannst du für dich da sein? Folge dem Impuls, auch wenn er dir unangebracht erscheinen mag.

- *Achtsamkeit*: Wo bist du mit deinen Gedanken gerade? In der Vergangenheit? In der Zukunft? Fokussiere dich wieder auf das Hier und Jetzt.

- *Negative Gedanken infrage stellen*: Sind diese Gedanken wirklich wahr? Sind es deine oder gehören sie zu einer Ansicht oder einer Idee, die jemand anders für dich definiert hat?

Schon gewusst?

Wusstest du, dass Frustration ansteckend sein kann? Sie kann sich tatsächlich von einer Person auf eine andere übertragen. Das liegt daran, dass Frustration oft mit dem Ausdruck negativer Emotionen verbunden ist, die von anderen aufgegriffen werden können.

>*Frustration ist eine Funktion unserer Erwartungen, und unsere Erwartungen sind oft ein Spiegelbild der Gesellschaft und nicht unserer eigenen Werte und Prioritäten.*«
Nathaniel Branden

Frustration beeinträchtigt auch unsere körperliche Gesundheit, da sie den Spiegel von Stresshormonen erhöhen und zu Symptomen wie Kopfschmerzen, Muskelverspannungen und Verdauungsproblemen führen kann.

Die Art und Weise, wie Menschen Frustration erleben und ausdrücken, kann je nach Kultur variieren. In manchen wird der Ausdruck von Frustration als Zeichen von Schwäche oder mangelnder Selbstbeherrschung angesehen, in anderen als gesunde Art, Gefühle auszudrücken.

Ein Verständnis der kulturellen Unterschiede beim Ausdruck von Frustration kann helfen, Missverständnisse zu vermeiden und eine bessere Kommunikation zu fördern.

Die Aufgabe unseres Gehirns

Unser Gehirn ist ein komplexes Organ, das eine Vielzahl von Funktionen ausführt, darunter die Steuerung unserer Bewegungen, die Regulierung unserer lebenswichtigen Organe, die Verarbeitung von Sinneseindrücken und die Erleichterung kognitiver Prozesse wie Gedächtnis, Aufmerksamkeit und Entscheidungsfindung.

Die Hauptaufgabe des Gehirns besteht also nicht darin, uns glücklich zu machen, sondern vielmehr darin, die physiologischen Prozesse des Körpers zu regulieren und aufrechtzuerhalten.

Mit anderen Worten: Es sichert unser Überleben.

Positive Emotionen wie Glück, Freude und Zufriedenheit können zwar das Nebenprodukt eines gut funktionierenden Gehirns sein, aber sie sind nicht sein primäres Ziel. Es kann unsere emotionalen Erfahrungen also beeinflussen, aber nicht vollständig kontrollieren.

Wir besitzen dafür eine andere, ganz natürliche Art und Weise, um Emotionen zu regulieren: *die hedonische Tretmühle.*

Wie funktioniert die hedonische Anpassung?

Die hedonische Anpassung, eben auch bekannt als hedonische Tretmühle, ist ein psychologisches Phänomen, bei dem sich Menschen allmählich an positive oder negative Erfahrungen gewöhnen und dabei im Laufe der Zeit zu einem relativ stabilen Grundwohlfühlniveau zurückkehren.

Mit anderen Worten: Die positiven oder negativen Auswirkungen einer Erfahrung auf unseren emotionalen Zustand nehmen mit der Zeit ab. Man geht davon aus, dass diese Form der Anpassung durch die Fähigkeit des Gehirns bedingt ist, sich auf veränderte Umstände einzustellen und sich an neue Situationen anzupassen.

Anfänglich kann eine positive Erfahrung wie der Kauf eines neuen Autos oder eine Beförderung bei der Arbeit zu einem deutlichen Anstieg unserer Stimmung führen. Wir freuen uns dann, staunen, fühlen uns glücklich. Im Laufe der Zeit lässt die Neuartigkeit des Erlebnisses jedoch nach.

In ähnlicher Weise können auch negative Erfahrungen wie der Verlust eines Arbeitsplatzes zunächst zu einer deutlichen Verschlechterung unseres Gemütszustandes führen, aber mit der Zeit gewöhnen wir uns auch hier an die neuen Umstände.

Es gibt Ausnahmen, denn nicht alle Erfahrungen unterwerfen sich einer hedonischen Anpassung. Manche Handlungsweisen haben dauerhaften Einfluss auf unsere Zufriedenheit. So zum Beispiel der Aufbau starker Beziehungen oder eine Arbeit, die mit den eigenen Werten und Interessen übereinstimmt.

In der heutigen Gesellschaft gibt uns der Alltag nicht immer die Zeit, diese natürliche Regulierung zu erfahren. Vielleicht hast du auch mal von der Bezeichnung ›hedonistische Wohlstandsgesellschaft‹ gehört.

Darunter versteht man die heutige Tatsache, persönliche Bedürfnisse sofort befriedigen zu können. Durch Übersättigung und Abstumpfung kann der ungebremste Hedonismus jedoch schnell zur Anhedonie führen, also der Unfähigkeit, wirklich Freude zu empfinden oder etwas wirklich genießen zu können.

Wie wir uns in der Welt zurechtfinden

Kommen wir zu einem anderen Faktor, der mit unseren Emotionen in Verbindung steht: das Ego.

Nicht gerade die naheliegendste Verbindung, wenn wir über Gefühle sprechen, oder?

Das Ego ist ein Begriff aus der Psychologie, der sich auf den Teil unserer Psyche bezieht, der für unser Selbstverständnis, unsere Identität und unsere Individualität verantwortlich ist. Mit anderen Worten: Das Ego ist der bewusste Teil unseres Geistes.

Es hilft dir, dich in der Welt zurechtzufinden und mit anderen zu interagieren. Verantwortlich ist es hauptsächlich für unser rationales Denken, unsere Entscheidungsfindung und unsere Problemlösungsfähigkeiten.

Nach den psychoanalytischen Theorien von Sigmund Freud ist das Ich neben dem Es und dem Über-Ich eine der drei Komponenten der menschlichen Psyche. Das Es steht für unsere unbewussten, instinktiven Triebe und Wünsche, während das Über-Ich unsere moralischen und ethischen Grundsätze repräsentiert.

Das Ich dient dabei als Vermittler zwischen dem Es und dem Über-Ich und bemüht sich um ein Gleichgewicht zwischen unseren instinktiven Wünschen und unseren moralischen und ethischen Normen.

In der modernen Psychologie wurde das Konzept des Ichs dahingehend erweitert, dass es auch die bewusste Wahrnehmung von uns selbst und unserer Umwelt, sowie die unserer eigenen Fähigkeiten, Stärken und Schwächen umfasst. Das Ego übernimmt also eine wichtige Rolle für unsere psychische Gesundheit und unser Wohlbefinden, da es uns hilft, ein Gefühl der Stabilität und Kohärenz in unserem Selbstverständnis und unserer Beziehung zur Welt aufrechtzuerhalten. Und genau hier liegt die Verbindung zu den Emotionen. Denn diese sind stets eine Antwort auf eine Wahrnehmung.

Das Ego kann sich jedoch auch übermäßig starr und defensiv zeigen, was zu Konflikten mit anderen und einem Mangel an Flexibilität im Denken und Verhalten führt. Ein konstant ungesundes oder übersteigertes Ego bildet die Grundlage für psychologische Störungen, wie zum Beispiel Narzissmus oder Zwangsstörungen. Dementsprechend beeinflusst das Ego auch unsere emotionellen Reaktionen.

Aber was könnte nun der Grund für dieses defensive Verhalten sein?

Das Bedürfnis des Egos nach einer Identität

»Es ist wie dein Schatten. In dem Moment,
in dem du einen physischen Körper hast,
hast du auch einen Schatten. Der Schatten selbst ist
weder gut noch schlecht. Wenn die Sonne dort oben
ist, hast du einen kleinen Schatten. Wenn die Sonne
dort unten ist, hast du einen viele Meter langen
Schatten. Der Schatten, den du hast, entspricht dem,
was die äußere Situation erfordert. Und das ist auch
die Art von Ego, die du haben solltest.« Sadhguru

Das Ego ist der Teil von uns, der als ein von anderen getrenntes Individuum denkt, fühlt und handelt. Es sucht ständig nach Möglichkeiten, eine Identität zu schaffen und aufrechtzuerhalten, die durch unsere Überzeugungen, Werte, Persönlichkeitsmerkmale und sozialen Rollen definiert wird.

Dieses Bedürfnis nach einer Identität ist ein grundlegender Aspekt der Funktionsweise des Ichs. Sie gibt uns ein Gefühl für Zweck, Sinn und Richtung im Leben. Unsere Identität hilft uns, uns im Verhältnis zu anderen und zur uns umgebenden Welt zu definieren. Durch unsere Identität schaffen wir erst ein Gefühl von Selbstwert und Zugehörigkeit.

Wenn wir bedenken, dass die größten menschlichen Ängste sind: der Kontrollverlust, die Angst vor dem

Alleinsein und die Angst, nicht zu genügen, dann hat das Ego auch hier eine wichtige Aufgabe in unserem Leben.

Das Bedürfnis nach einer Identität spiegelt sich in externen Faktoren wie Kultur, Gesellschaft und sozialen Normen wider und wird auch durch diese beeinflusst, denn was um uns herum geschieht, prägt unsere Überzeugungen, Werte und Verhaltensweisen. Sie spielen eine wichtige Rolle bei der Gestaltung unseres Identitätsgefühls.

Diese konstante Suche nach Identität wird jedoch dann problematisch, wenn sie sich mehr oder nur auf äußere Faktoren und nicht mehr auf innere Werte stützt. In solchen Situationen fühlen wir uns von unserem wahren Selbst abgekoppelt, was wiederum zu einem Mangel an Erfüllung und Zufriedenheit führt, oder – im Gegenteil – ein Gefühl der Überlegenheit wachruft, weil wir uns durch dieselben Faktoren plötzlich überschätzen.

Deshalb ist es wichtig, ein Identitätsgefühl basierend auf den inneren Werten, Überzeugungen und Zielen zu entwickeln. Dazu kann es gehören, unsere Interessen, Werte und Stärken zu hinterfragen und unsere Handlungen mit unserem wahren Selbst in Einklang zu bringen. Auf diese Weise können wir ein stärkeres Selbstwertgefühl und einen tieferen Sinn für das Ziel und den Sinn unseres Lebens entwickeln.

Schon gewusst?

»Das Leben ist ein Feld der Wunder, und der menschliche Geist ist das größte Wunder von allen.«
Isaac Asimov

Wenn wir im Staunen sind, reagiert unser Körper mit der Ausschüttung von Dopamin, einem Neurotransmitter, der mit Freude und Belohnung verbunden ist. Staunen führt also zu Gefühlen der Euphorie und hat sogar körperliche Auswirkungen wie eine erhöhte Herzfrequenz.

Sie entsteht oft, wenn wir auf etwas stoßen, das unsere Neugierde weckt. Indem wir diese Dinge erforschen, geben wir dem Gefühl mehr Raum, was zu einer Form von Verbundenheit mit der Welt um uns herum und mit etwas Größerem als uns selbst führt. Dies wiederum löst Gefühle der Dankbarkeit aus und fördert unsere Zielstrebigkeit.

Zwar erleben Menschen jeden Alters Wunder, doch wird es oft mit Kindern in Verbindung gebracht, die noch dabei sind, die Welt um sich herum zu entdecken. Die Förderung des Staunens kann dazu beitragen, eine Liebe zum Lernen und einen Sinn für Neugierde zu entwickeln, die ein Leben lang anhalten kann.

Sich überlegen fühlen

Das Bedürfnis des Ichs, sich überlegen zu fühlen, ist ein allgemeiner Wesenszug, der dem natürlichen menschlichen Wunsch entspringt, sich selbst gut zu fühlen und von anderen akzeptiert und geschätzt zu werden. Fühlt sich das Ego bedroht oder unsicher, baut es ein Gefühl der Überlegenheit gegenüber anderen auf. Und das kann sich dann in verschiedener Art und Weise äußern:

1. Konkurrenzdenken: Es gibt kein ›Miteinander‹, sondern nur noch ein ›Gegeneinander‹. Selbstüberschätzung trifft hier auf den Wunsch nach Aufmerksamkeit.

2. Kontrolle: Durch Dominanz und Überlegenheit versucht man, den Einfluss zu stärken. Das Geltungsbedürfnis findet hier seinen Platz.

3. Vergleich: Das Ego beurteilt ständig, ob etwas gut oder schlecht ist. Dies ermöglicht das Zeigen von Stolz und Eitelkeit.

4. Kritik: Andere kritisieren und beurteilen stärkt das eigene Überlegenheitsgefühl.

Wie du dir sicherlich denken kannst, sind bei solchen Verhaltensweisen Konflikte und negative Interaktionen mit anderen programmiert. Erkennt man aber im ›Sich-überlegen-fühlen-wollen‹ einen Abwehrmechanismus, um sich vor Gefühlen der Verletzlichkeit oder Unzulänglichkeit zu schützen, dann kann man diese auch zu verstehen versuchen.

Im Grunde genommen kann das Ego so die Konfrontation mit den eigenen schwierigen Gefühlen vermeiden und ein Gefühl der Kontrolle und Macht aufrechterhalten, allerdings zu Ungunsten anderer. Es ist ganz natürlich, sich manchmal überlegen fühlen zu wollen. Wichtig ist zu erkennen, wann ein solches Verhalten übertrieben oder schädlich für einen selbst oder andere wird.

»Bleibt diese und das damit verbundene Rampenlicht aus, fängt das Ego plötzlich an zu schrumpfen und wird von Selbstzweifeln zerfressen.«
Nils Warkentin

Auf lange Sicht können diese Verhaltensweisen sogar zu einer Form von Sucht führen. Wer sein Ego nämlich immer in den Vordergrund stellt, und die so generierte Aufmerksamkeit genießt, macht sich abhängig vom Zuspruch und der Anerkennung anderer.

Wie man sich seines Egos bewusst wird

Um sich seines Egos bewusst zu werden, muss man einen achtsamen und introspektiven Zugang zu seinen Gedanken, Gefühlen und Verhaltensweisen entwickeln.

Hier sind einige Tipps, wie du dein Ego bewusster wahrnehmen kannst:

- *Übe dich in Achtsamkeit*: Achtsam sein heißt: den Gedanken, Gefühlen und Körperempfindungen vorurteilsfreie Aufmerksamkeit zu schenken. Also den Beobachterposten einzunehmen. Du bist nicht deine Emotionen, du hast Emotionen. Wer sind sie? Und warum sind sie da?

- *Denk- und Verhaltensmuster*: Nimm dir die Zeit, um über deine Denk- und Verhaltensmuster nachzudenken, die für dein Ego charakteristisch sind. Stelle Fragen wie: ›Welche Situationen rufen mein Ego auf den Plan?‹ oder ›Was sind die Folgen meiner egogesteuerten Gedanken und Verhaltensweisen?‹

- *Was sind deine Werte?*: Die Ermittlung deiner Werte und Prioritäten kann helfen, zwischen Wünschen und Motivationen deines Egos und denjenigen deines wahren Selbst zu unterscheiden. Fragen wie: ›Was ist mir wichtig?‹ oder ›Was für ein Mensch möchte ich sein?‹ helfen dir solcher Leitbilder bewusst zu werden.

- *Kultiviere Selbstmitgefühl*: Wenn du dir deines Egos bewusst bist, kann das negativ behaftete Gefühle wie Scham oder Selbstkritik hervorrufen. Erinnere dich in solchen Momenten immer daran, dass das Ego für dich arbeitet, nicht gegen dich. Also sei lieb zu dir selbst. Du bist zu jeder Zeit deines Lebens die beste Version deiner selbst.

Alles schön und gut, aber wie erkenne ich denn mein Ego, wenn es zu mir spricht?

Die Stimme des Egos ist meist laut, eindringlich und aufgeregt. Es verfolgt ein bestimmtes Ziel und kann viele Gründe nennen, warum seine Idee oder genau dieser Vorschlag der Richtige ist. Es möchte entweder etwas Bestimmtes erreichen oder etwas anderes vermeiden.

Die Stimme des Egos meldet sich oft als starker innerer Drang, der mit Angst oder anderen heftigen Emotionen verbunden ist. Das können auch Gefühle sein, die wir als positiv bewerten, wie zum Beispiel Vorfreude oder Verliebtsein.

Das Ego agiert aus dem Mangel heraus und will etwas erreichen oder verändern. Es lebt in der Vergangenheit oder in der Zukunft. Die Stimme des Egos äußert sich hauptsächlich über Gedanken.

Die Stimme des Herzens hingegen – deine Intuition – ist im Vergleich sehr viel sanfter, subtiler und leiser. Obwohl sie beispielsweise in Gefahrensituationen sehr bestimmt auftreten kann, ist sie energetisch immer ruhig, klar, zentriert und eindeutig. Du erkennst sie vor allem daran, dass sie irrational ist.

Intuition ist ein innerer Impuls, für den es keine offensichtlichen Gründe oder Erklärungen im Außen gibt. Sie schlägt dir beispielsweise vor, in ein bestimmtes Land zu reisen, ohne irgendwelche

Gründe dafür zu nennen. Vielleicht hattest du auch schon mal den plötzlichen Impuls, ein Seminar zu besuchen oder einen Kurs zu belegen.

Absichtslosigkeit ist ein eindeutiges Zeichen, an dem du die Intuition erkennen kannst, denn sie möchte nichts erreichen. Sie agiert aus der Freude heraus, ist eins mit dem gegenwärtigen Augenblick und suggeriert nicht, dass es etwas zu verbessern oder zu erreichen gibt. Selbst wenn dich eine Intuition vor etwas warnt, so fühlt sie sich niemals aufdringlich, ängstlich oder gar panisch an.

Die Natur von Emotionen

Wie wir gesehen haben, ist die Natur der Emotionen ein komplexes und vielschichtiges Thema, das in verschiedenen Bereichen wie der Psychologie, den Neurowissenschaften und der Philosophie eingehend untersucht wurde. Lass uns vor dem nächsten großen Abschnitt kurz rekapitulieren, was wir bereits gesehen haben:

1. Emotionen sind subjektive Erfahrungen, an denen sowohl psychologische als auch physiologische Prozesse beteiligt sind. Sie sind oft durch Gefühle oder Erfahrungen von Freude, Wut, Angst, Traurigkeit oder anderen Geisteszuständen gekennzeichnet.

2. Emotionen werden durch bestimmte Ereignisse oder Stimuli ausgelöst, zum Beispiel durch den Anblick eines geliebten Menschen oder eine wahrgenommene Bedrohung, und beeinflussen unsere Gedanken, unser Verhalten und unsere Handlungen.

3. Emotionen können adaptiv sein, das heißt: Sie helfen uns, auf die Herausforderungen und Möglichkeiten unserer Umwelt zu reagieren. Wie wir schon gesehen haben, lässt zum Beispiel Angst uns Gefahren erkennen und vermeiden.

4. Emotionen werden von einer Vielzahl von Faktoren beeinflusst, darunter unsere eigenen Lebenserfahrungen, kulturelle und soziale Normen und biologische Faktoren wie Genetik und Gehirnchemie.

5. Emotionen können durch verschiedene Strategien reguliert und verändert werden, zum Beispiel durch kognitive Aufarbeitung, Achtsamkeit und Techniken zur Emotionsregulierung.

Die Natur der Emotionen spielt eine grundlegende Rolle für unser Erleben der Welt und unsere Fähigkeit zur Anpassung an sich verändernde Umstände.

Lass uns nun über Vergänglichkeit reden.

Schon gewusst?

Nostalgie ist ein bittersüßes Gefühl, das aufkommt, wenn wir uns nach der Vergangenheit sehnen. Sie kann durch eine Erinnerung, einen Ort, einen Geruch oder ein Geräusch ausgelöst werden, das uns an eine Zeit oder eine Person erinnert, die nicht mehr unter uns ist. Nostalgie wird häufig mit positiven Gefühlen wie Zuneigung und Zärtlichkeit in Verbindung gebracht, kann aber auch Gefühle von Traurigkeit hervorrufen.

Das Wort ›Nostalgie‹ stammt von den griechischen Wörtern *nostos* für Heimkehr und *algos* für Schmerz oder Wehwehchen. Es wurde erstmals im 17. Jahrhundert verwendet, um eine Krankheit zu beschreiben, die durch Heimweh, Melancholie und die Sehnsucht nach der Heimat gekennzeichnet war.

Psychologen gehen davon aus, dass Nostalgie einen psychologischen Zweck erfüllt, indem sie uns ermöglicht, uns mit vergangenen Erfahrungen zu verbinden und unser Gefühl von Identität und Kontinuität im Laufe der Zeit zu stärken.

Die Vergänglichkeit von Emotionen

*»Emotionen sind wie eine Achterbahnfahrt;
sie können aufregend, beängstigend und
überwältigend zugleich sein. Der Schlüssel ist,
sich festzuhalten und die Fahrt durchzustehen,
auch wenn es sich so anfühlt, als ob man von den
Schienen fallen würde.« Autor unbekannt*

Gefühle werden oft als flüchtig bezeichnet, weil sie in der Regel kurze und vorübergehende Erlebnisse sind, die relativ schnell entstehen und vergehen.

Ein Grund dafür ist die enge Verbundenheit mit den physiologischen Reaktionen des Körpers, wie zum Beispiel die Veränderungen der Herzfrequenz, der Atmung oder der Muskelspannung. Diese Veränderungen können im Moment sehr intensiv wahrgenommen werden, klingen aber in der Regel relativ schnell wieder ab, wenn der emotionale Reiz vorüber ist.

Emotionen werden von einer Vielzahl innerer und äußerer Faktoren beeinflusst, darunter Gedanken, Erinnerungen, Überzeugungen und situative Faktoren, welche wiederum unser Verhalten beeinflussen.

Da sich diese stetig verändern, verändern sich auch die Emotionen.

Eine Emotion bleibt nachweisbar nur neunzig Sekunden in unserem Körper bestehen. Danach verschwindet die physische Reaktion.

Außer das kognitive Gehirn schaltet sich ein, verbindet die Emotion mit vergangenen Erlebnissen und taucht tiefer in das Gefühl ein. Da musst du aber nicht mitmachen.

Was heißt das für dich?

Diese Kurzlebigkeit hilft bei plötzlichen, überwältigenden Gefühlsausbrüchen. Hältst du die Emotion dann einfach aus – ohne darauf zu reagieren – wird ihre Intensität automatisch nachlassen.

Hier meine Top 3, wie du aus einem solchen Zustand schnell wieder herausfindest:

- *Tiefes Atmen.* Langsames, tiefes Atmen (atme dabei länger aus als ein) trägt dazu bei, dein Nervensystem zu beruhigen und die Intensität zum Beispiel einer Angstattacke zu verringern.

- *Führe positive Selbstgespräche.* Erinnere dich daran, dass die Emotion vorübergehen wird und dass dein Ziel ist, diesen Moment auszuhalten. Und das kannst du, indem du dir Mut zusprichst, wie zum Beispiel »Ich schaff das«. Wiederhole diesen Satz wie ein Mantra immer und immer wieder, bis die Intensität des Gefühls nachlässt.

- *Versuche Erdungstechniken.* Konzentriere dich dabei auf deine unmittelbare Umgebung. Nutze all deine Sinne, um dich in den gegenwärtigen Moment zurückzubringen. Was siehst du? Was riechst du? Was hörst du? Die Fragen vermindern dein Gefühl der Einsamkeit oder Hilflosigkeit.

Emotionen handhaben

»Emotionen sind wie Farben. So wie es unzählige Schattierungen von Rot, Gelb und Blau gibt, gibt es auch unzählige Variationen von Glück, Traurigkeit und Wut. Es ist schwierig, sie zu definieren, aber wir erkennen sie, wenn wir sie fühlen.« Autor unbekannt

Es kann schwierig sein, Emotionen zu definieren, zu beschreiben und zu steuern, weil sie oft mit anderen psychologischen Prozessen verwoben sind, wie zum Beispiel mit unserem Selbstverständnis oder unserer Fähigkeit, unser Verhalten zu regulieren:

1. Ihre Subjektivität: Emotionen sind subjektive Erfahrungen, die von Mensch zu Mensch sehr unterschiedlich sein können. Was eine Person als Angst oder Wut empfindet, kann von einer anderen Person anders erlebt werden, je nach ihren individuellen Wahrnehmungen, Überzeugungen und Erfahrungen.

2. Ihre Komplexität: Emotionen sind komplexe Erfahrungen, die von einer Vielzahl interner und externer Faktoren beeinflusst werden. Deshalb ist es schwierig herauszufinden, welche dieser verschiedenen Faktoren zu einer bestimmten emotionalen Reaktion beigetragen haben.

3. Ihre Intensität: Emotionen können intensive Erfahrungen sein, die manchmal überwältigend daherkommen, insbesondere wenn sie durch traumatische Ereignisse ausgelöst werden.

4. Ihre Inkonsistenz: Emotionen sind inkonsistent und können als Reaktion auf Veränderungen in unserem inneren oder äußeren Umfeld schnell schwanken. Dies macht es schwierig, emotionale Reaktionen in bestimmten Situationen vorherzusagen oder zu antizipieren.

5. Ihre kulturellen und sozialen Normen: Emotionen werden oft durch kulturelle und soziale Normen geprägt, die unsere Überzeugungen und Einstellungen darüber beeinflussen, was ein akzeptabler oder angemessener Gefühlsausdruck ist. Dies kann es schwierig machen, Emotionen auf eine Weise auszudrücken oder zu handhaben, die sich authentisch oder echt anfühlt.

Schon gewusst?

Traurigkeit ist ein allgemeines Gefühl des Unglücklichseins oder der Niedergeschlagenheit, das durch eine Vielzahl von Umständen wie Enttäuschung, Einsamkeit oder Frustration verursacht werden kann. Traurigkeit ist ein vorübergehendes Gefühl, das jeder irgendwann in seinem Leben erlebt.

Trauer hingegen ist eine intensivere und länger anhaltende Emotion, die durch einen bedeutenden Verlust oder eine Veränderung im Leben entsteht, zum Beispiel durch den Tod eines geliebten Menschen oder das Ende einer Beziehung. Trauer umfasst eine Reihe von anderen Gefühlen, darunter Traurigkeit, Wut, Schuldgefühle und Ungläubigkeit.

Während sich Traurigkeit und Trauer in mancher Hinsicht ähneln können, ist die Trauer ein intensiveres und umfassenderes Gefühl, das das Leben eines Menschen auf tiefgreifende Weise beeinflusst. Sie kann sich auf die körperliche Gesundheit, das psychische Wohlbefinden und das Selbstwertgefühl eines Menschen auswirken.

Die filternde Kraft der Emotionen

Emotionen können eine starke Filterwirkung darauf haben, wie wir die Welt um uns herum wahrnehmen und interpretieren. Unser emotionaler Zustand beeinflusst, worauf wir achten, woran wir uns erinnern und wie wir Ereignisse und Erfahrungen interpretieren. Du kannst dir die Emotionen auch als Linsen vorstellen, durch die wir die Welt betrachten und die unsere Gedanken, Überzeugungen und Verhaltensweisen auf vielfältige Weise formen.

Wenn wir uns beispielsweise besorgt oder ängstlich fühlen, konzentrieren wir uns eher auf potenzielle Bedrohungen oder Gefahren in unserer Umgebung. Dieses Fokussieren verändert wiederum die Wahrnehmung unserer Umgebung. Präsente, positivere Aspekte werden ausgeblendet, also nicht mehr bewusst wahrgenommen.

Wenn wir uns hingegen positiv oder optimistisch fühlen, achten wir eher auf günstige Aspekte in unserer Umgebung und interpretieren Situationen in einem für uns förderlichen Licht.

Emotionen beeinflussen auch, wie wir uns an Ereignisse und Erfahrungen erinnern. Die Forschung hat gezeigt, dass Menschen sich eher an Ereignisse erinnern, die mit ihrer aktuellen Gefühlslage übereinstimmen. Wenn wir zum Beispiel traurig sind, erinnern wir uns eher an negative Ereignisse oder Erfahrungen aus der Vergangenheit, während positive Erinnerungen stärker im Vordergrund stehen, wenn wir glücklich sind.

Auch hier kann die Filterwirkung von Emotionen sowohl nützlich als auch problematisch sein. Sie helfen uns, wichtige Informationen wahrzunehmen und uns in unserer Umgebung zurechtzufinden, aber sie können auch der Grund sein, dass wir Situationen auf voreingenommene oder wenig hilfreiche Weise interpretieren.

Eben so, wie sie nicht sind.

Die magnetische Kraft von Emotionen

»Emotionen sind wie Magnete. Sie können anziehen oder abstoßen, und sie haben die Macht, Menschen näher an sich heranzuziehen oder sie wegzustoßen. Es liegt an uns, zu entscheiden, wie wir diese Kraft nutzen.« Autor unbekannt

Die magnetische Kraft der Affekte bezieht sich auf die Fähigkeit unserer emotionalen Erfahrungen, auf die Emotionen und das Verhalten der Menschen in unserer Umgebung einzuwirken. Emotionen können ansteckend sein und sich auf vielfältige Weise von einer Person zur anderen übertragen. Dies liegt daran, dass sie auch durch eine Reihe von nonverbalen Hinweisen vermittelt werden: wie Gesichtsausdruck, Tonfall und Körpersprache, die von anderen leicht gelesen werden können.

In der Forschung ist schon lange bekannt, dass emotionale Ansteckung von persönlichen Inter-aktionen zwischen Einzelpersonen bis hin zu großen Gruppen wie zum Beispiel bei Sportver-anstaltungen oder politischen Versammlungen möglich ist.

Wenn beispielsweise eine Person in einer Gruppe sich aufgeregt oder sich enthusiastisch zeigt, können sich diese Gefühle auf andere übertragen.

Fühlt sich eine Person in einer Gruppe ängstlich oder gestresst, übertragen sich auch diese Emotionen auf andere.

Diese Anziehungskraft zu brechen, ist eine heikle Sache, da meistens mehrere Menschen davon betroffen sein werden. Es gibt jedoch einige Strategien, die zumindest helfen können, die eigene, emotionale Ansteckung zu kontrollieren:

- *Achtsamkeit*: Der erste Schritt zur Bewältigung der Anziehungskraft von Emotionen besteht darin, sich unserer eigenen emotionalen Erfahrungen bewusst zu werden und zu erkennen, wie sie sich auf die Menschen um uns herum auswirken könnten. Dies bedeutet, dass wir uns einige Augenblicke Zeit nehmen sollten, um in uns zu gehen und herauszufinden, wie wir uns fühlen. Welche Energie strahle ich gerade aus?

- *Regulierung*: Sobald wir uns unserer emotionalen Erfahrungen bewusst sind, können wir beginnen, sie auf effektivere Weise zu regulieren. Dies kann bedeuten, dass wir Entspannungstechniken wie tiefes Atmen oder Meditation anwenden, um intensive Emotionen zu bewältigen oder dass wir uns für gesunde Bewältigungsstrategien wie Bewegung und sozialen Austausch entscheiden. Ziel hier ist, ein Ventil für nicht verarbeitete Gefühle und Situationen zu pflegen.

- *Grenzen setzen*: Klare Grenzen für unsere emotionalen Erfahrungen zu setzen ist das A und O. Dies kann bedeuten, dass man sich von emotional aufgeladenen sozialen Situationen oder Gesprächen fernhält oder sich körperlich von Personen distanziert, die intensive Emotionen hervorrufen. Achte dabei darauf, wie dein Nervensystem reagiert, wenn du mit einer Person zusammen bist. Reagierst du angespannt? Oder im Gegenteil – entspannt?

- *Reframing*: Um die Anziehungskraft von Emotionen zu brechen, kann es hilfreich sein, die eigenen emotionalen Erfahrungen und die der Menschen in unserem Umfeld neu zu formulieren. Dazu suchst du nach alternativen Erklärungen für emotionale Reaktionen. Warum reagieren sie so? Welche Erfahrungen könnten dazu geführt haben? Eine vereinfachte Form, sich in Empathie und Verständnis für die Emotionen anderer zu üben.

Was ist emotionale Zugänglichkeit?

Emotionale Zugänglichkeit bezieht sich auf das Ausmaß, in dem eine Person in der Lage ist, ein breites Spektrum an Emotionen auf gesunde und authentische Weise auszudrücken und zu erleben.

Emotional zugängliche Menschen können im Allgemeinen sowohl mit positiven als auch mit negativen Emotionen umgehen und sind in der Lage, ihre Gefühle offen, ehrlich und der Situation angemessen auszudrücken.

Emotionale Zugänglichkeit ist eine wichtige Komponente der emotionalen Intelligenz, da sie es dem Einzelnen ermöglicht, effektiv zu kommunizieren und sinnvolle Beziehungen zu anderen aufzubauen.

Emotional zugängliche Personen sind in der Lage, ihre eigenen emotionalen Erfahrungen zu erkennen und so auszudrücken, dass sie für andere klar und verständlich sind. Sie sind in der Lage, sich in die emotionalen Erfahrungen anderer einzufühlen.

Im Gegensatz dazu haben Personen, die emotional unzugänglich sind, möglicherweise Schwierigkeiten, ihre Gefühle zu erkennen oder sie unterdrücken ihre emotionalen Erfahrungen, um Verletzlichkeit oder Unbehagen zu vermeiden.

Die Entwicklung emotionaler Zugänglichkeit erfordert Übung und Selbstreflexion sowie die Bereitschaft, verletzlich und authentisch mit unseren emotionalen Zuständen umzugehen.

Aber was kann bei emotionaler Unzugänglichkeit getan werden?

– *Identifiziere deine Emotionen*: Achte zunächst darauf, wie du dich fühlst, und versuche, die spezifischen Emotionen zu identifizieren, die du erlebst. Es kann hilfreich sein, den Gefühlen einen Namen zu geben, egal ob es sich um Traurigkeit, Wut, Freude oder etwas anderes handelt.

– *Drücke deine Gefühle aus*: Fange klein an, indem du deine Gefühle in Situationen ausdrückst, in denen nicht viel auf dem Spiel steht, wenn du zum Beispiel mit einem Freund oder einem Familienmitglied unterwegs bist. Du könntest ja damit beginnen, einfache Gefühle in deine Wortwahl aufzunehmen, wie zum Beispiel ›Ich bin gerade sehr frustriert‹ oder ›Ich freue mich über das hier‹.

– *Verwende ›Ich‹-Aussagen*: Wenn du deine Gefühle ausdrückst, verwende das ›Ich‹, um die Verantwortung für sie zu übernehmen. Sage zum Beispiel statt ›Du hast mich wütend gemacht‹: ›Ich bin wütend über das, was passiert ist‹ ...

- *Verwende verschiedene Ausdrucksmittel*: Wenn du Schwierigkeiten haben solltest, deine Gefühle zu verbalisieren, versuche doch einmal, sie auf eine andere Weise auszudrücken. Gefühle zu zeichnen zum Beispiel oder Musik ermöglichen dir deine Emotionen vielfältiger zu erleben.

Schon gewusst?

Mitgefühl ist die Sorge um das Leiden anderer und der Wunsch, dieses Leiden zu lindern. Es ist eine Kombination aus Einfühlungsvermögen, Freundlichkeit und der Bereitschaft, anderen in ihrer Not zu helfen.

Mitgefühl ist ein Schlüsselelement vieler spiritueller und philosophischer Traditionen und wird weithin als wichtiger Aspekt ethischen Verhaltens und sozialer Gerechtigkeit angesehen.

> *»Mitgefühl ist keine Beziehung zwischen dem Heiler und dem Verwundeten. Es ist eine Beziehung zwischen Gleichen. Nur wenn wir unsere eigene Dunkelheit gut kennen, können wir mit der Dunkelheit der anderen präsent sein. Mitgefühl wird real, wenn wir unsere gemeinsame Menschlichkeit erkennen.« Pema Chödrön*

Das Zitat deutet darauf hin, dass wahres Mitgefühl nur dann entstehen kann, wenn wir bereit sind, unsere eigenen Schwächen und Kämpfe anzuerkennen und anderen, die ebenfalls mit Herausforderungen in ihrem Leben konfrontiert sind, Freundlichkeit und Empathie entgegenzubringen.

Was ist ein emotionaler Referenzpunkt?

Ein emotionaler Sollwert ist ein Begriff, der das allgemeine Glücks- oder Wohlfühlniveau einer Person beschreibt, von dem angenommen wird, dass es weitgehend durch genetische und umweltbedingte Faktoren bestimmt wird. Es handelt sich um das Glücks- oder Wohlfühlniveau, zu dem eine Person typischerweise zurückkehrt, nachdem sie positive oder negative Ereignisse oder Emotionen erlebt hat.

Das Konzept des emotionalen Referenzwerts basiert auf der Vorstellung, dass Menschen eine natürliche Bandbreite an emotionalen Erfahrungen haben und dass diese im Laufe der Zeit relativ stabil bleibt. Manche Menschen haben einen allgemein positiven emotionalen Sollwert, erleben häufiger positive Emotionen und kehren nach negativen Emotionen leichter in einen positiven Zustand zurück. Andere wiederum haben einen eher negativen emotionalen Sollwert, erleben häufiger negative Emotionen und kehren nach positiven Emotionen leichter in einen negativen Zustand zurück.

Auch wenn unser emotionaler Sollwert weitgehend durch genetische und umweltbedingte Faktoren bestimmt wird, ist er nicht festgelegt oder unveränderlich. Wenn wir uns bewusst darum bemühen, ist es möglich, unser allgemeines Glücksgefühl und Wohlbefinden zu steigern, selbst wenn wir von Natur aus einen niedrigeren emotionalen Sollwert haben.

Auch hier können Aktivitäten wie Meditation, das Hinterfragen negativer Gedankenmuster, das Neu-Formulieren wahrgenommener Perspektiven oder das bewusste Suchen nach positiven Erfahrungen, diesen Referenzpunkt beeinflussen.

Wieso es Probleme nicht gibt

»Probleme sind keine Stoppschilder, sie sind Orientierungshilfen.« Robert H. Schuller

Die Vorstellung, dass es keine Probleme gibt, ist ein philosophisches Konzept, das davon ausgeht, dass die Ereignisse und Umstände, die wir als ›Probleme‹ wahrnehmen, eigentlich neutral oder einfach Teil des natürlichen Lebensflusses sind.

Aus dieser Perspektive ist es unsere subjektive Interpretation und Reaktion auf diese Ereignisse, die ihnen das Etikett ›Problem‹ verleiht.

Die Vorstellung, dass es keine Probleme gibt, wird oft mit spirituellen oder Achtsamkeitspraktiken in Verbindung gebracht, die den Einzelnen dazu ermutigen, eine nicht wertende und akzeptierende Haltung gegenüber seinen Erfahrungen zu kultivieren, einschließlich derer, die als negativ oder herausfordernd wahrgenommen werden.

Anstatt Ereignisse als Probleme zu betrachten, ermutigt diese Haltung, sie als Chance für Wachstum, Lernen und Transformation zu sehen.

Auch wenn es schwierig sein mag, den Gedanken zu akzeptieren, dass es keine Probleme gibt, ist es doch wertvoll zu erkennen, dass unsere Wahrnehmungen und Einstellungen eine wichtige Rolle dabei spielen, wie wir die Ereignisse und Umstände in unserem Leben erleben und auf sie reagieren.

Indem wir eine solche offenere und hinterfragende Haltung einnehmen, können wir lernen, Herausforderungen mit größerer Widerstandsfähigkeit, Kreativität und Entdeckerfreude zu begegnen und ein tieferes Gefühl von Frieden und Erfüllung in unserem Leben zu kultivieren.

Zweiter Teil

Wie Emotionen funktionieren

Wie interpretieren wir Situationen?

»Die Bedeutung der Dinge liegt nicht in den Dingen selbst, sondern in unserer Haltung ihnen gegenüber.« Antoine de Saint-Exupéry

Wir nehmen unsere Umgebung mit unseren Sinnen wahr. Dieses Wahrnehmen geht in verschiedenen Phasen vonstatten:

1. Wahrnehmung: In dieser ersten Phase geht es um die Verarbeitung sensorischer Informationen. Dabei nutzen wir unsere Wahrnehmungsfähigkeiten, um Informationen über die Situation zu sammeln, zum Beispiel über das Sehen, Hören oder Fühlen.

2. Aufmerksamkeit: In einer zweiten Phase geht es darum, unsere Aufmerksamkeit auf relevante Informationen im Umfeld zu lenken. Irrelevante Informationen werden deswegen herausgefiltert, sodass wir uns auf das uns wichtig Erscheinende konzentrieren können.

3. Interpretation: In Phase drei interpretieren wir die relevanten Informationen. Dazu gehört, dass wir diese mit unseren bisherigen Erfahrungen, unserem Wissen und unseren gespeicherten Überzeugungen abgleichen.

4. Bewertung: In der letzten Phase geht es um die Entscheidung, welche Maßnahmen nun ergriffen werden sollen. Da aber unsere Interpretation nie die Realität darstellen, weil sie durch eine Reihe von Faktoren wie zum Beispiel unseren Erfahrungen, unseren Werten oder unserem kulturellen Hintergrund beeinflusst werden, kann es auch nur zu einer persönlichen Reaktion kommen.

Aber gerade durch das Verstehen, wie wir Situationen interpretieren, werden wir uns unserer Voreingenommenheit und unserer Ansichten bewusster. Menschen reagieren immer in einer ganz individuellen Weise, weil sie eben jede Situation auch anders wahrnehmen.

Schon gewusst?

Scham wird oft als ein Gefühl tiefer Demütigung, Verlegenheit oder Unwürdigkeit beschrieben. Auslöser für Schamgefühle können innerseelische Vorgänge sein, wie zum Beispiel der Eindruck von Peinlichkeit oder Verlegenheit, aber auch die Bloßstellung oder Beschämung durch andere Menschen in Form von Bloßstellung oder Kränkungen.

Aus psychologischer Sicht ist Scham eng mit dem Selbstwertgefühl und der Identität einer Person verbunden. Wenn wir uns schämen, haben wir das Gefühl, unsere eigenen Erwartungen oder die der anderen nicht erfüllt zu haben, und das kann zu Unzulänglichkeit oder Unwürdigkeit führen.

Das Schamgefühl gehört zu den bei allen Menschen auftretenden Affekten. Gehen sie mit vegetativen Begleiterscheinungen einher, wie beispielsweise dem Erröten, sind Schamgefühle auch für Außenstehende wahrnehmbar. Die Fähigkeit, Scham zu empfinden, gilt als angeboren.

Wie identifizieren wir uns mit einer Emotion?

Was ist der Unterschied zwischen jemandem, der sagt: »Ich bin wütend« und jemandem, der sagt: »Ich fühle mich wütend«?

Durch die Verwendung von ›ich bin‹ anstelle von ›ich fühle‹ identifiziert sich die Person mit ihrem Gefühl und erlaubt ihm, sie zu definieren.

Wenn sich jemand zum Beispiel mit seiner Wut identifiziert, wirkt er in der Interaktion mit anderen defensiv oder aggressiv und wird seine Wut vielleicht deshalb sogar länger als nötig aufrecht halten. Gesteht man sich hingegen ein, dass man sich wütend fühlt, gibt man dem Gefühl seinen richtigen Platz zurück, nämlich als etwas Vorübergehendes, das man gerade erlebt.

Es ist wichtig, unsere Emotionen nicht nur zu erkennen, sondern auch anzuerkennen. Wir sollten uns aber nie von ihnen bestimmen lassen. Wenn wir verstehen, dass unsere Emotionen nur vorübergehende Gefühle sind und keinen dauerhaften Aspekt unserer Identität darstellen, können wir unsere emotionalen Reaktionen besser steuern und gesündere Entscheidungen treffen.

Wissen wir Bescheid, wie eine solche Identifikation zustande kommt, können wir falschen Reaktionsweisen vorbeugen. Ich möchte hier zwischen vier Arten der Identifikation unterscheiden:

1. Die kognitive Identifikation: Dazu gehört das Erkennen und Benennen der Emotion, die wir gerade erleben. Wir denken zum Beispiel über unsere Gefühle nach und vergleichen sie mit den Merkmalen verschiedener Emotionen. Wir diagnostizieren uns intellektuell eine Emotion, die wir dadurch auch auslösen.

2. Die physiologische Reaktion: Emotionen werden von physiologischen Veränderungen im Körper begleitet, wie zum Beispiel Veränderungen der Herzfrequenz, der Atmung und der Muskelspannung. Durch das Erleben dieser physiologischen Reaktionen können wir uns mit einer Emotion identifizieren.

3. Die verhaltensbezogene Reaktion: Emotionen drücken sich oft durch Vorgänge aus, wie zum Beispiel durch unseren Gesichtsausdruck, unsere Körpersprache oder den Tonfall unserer Stimme. Wir können uns mit einer Emotion identifizieren, indem wir eine Verhaltensweise annehmen. Das Verhalten ist jedoch immer nur eine Reaktion auf einen äußeren Reiz, nie die Ursache dafür.

4. Die soziale Identifikation: Wir können uns durch soziale Interaktionen mit anderen mit einer bestimmten Emotion identifizieren. Das nennt man

auch den Gruppeneffekt. Wenn wir zum Beispiel mit anderen zusammen sind, die alle eine bestimmte Emotion ausdrücken, ist die Chance groß, dass wir diese zu unserer eigenen machen.

Die Identifizierung mit Emotionen ist ein wichtiger Aspekt des emotionalen Bewusstseins und der Selbstregulierung. Wenn wir in der Lage sind, unsere Gefühle zu identifizieren und zu benennen, können wir unsere eigenen Gefühle besser verstehen und sie anderen auch mitteilen.

Was ist ein Rad der Gefühle?

Beim Gefühlsrad handelt es sich um ein Kommunikationswerkzeug.

Der amerikanische Psychologe Robert Plutchik erschuf damit eine Möglichkeit, den eigenen emotionalen Zustand zu erkennen, einzuordnen und in Worte zu fassen.

Das Gefühlsrad besteht aus drei Ringen. Der innerste Ring besteht aus sechs Teilen, die allesamt jeweils eine Kernemotion enthalten

traurig – überrascht – ängstlich
glücklich – ablehnend – ärgerlich

In diesem ersten Ring ordnest du die Emotion, die du gerade verspürst, erst einmal grob ein.

Dann geht es zum zweiten Ring. Dieser teilt jedes der Kerngefühle in etwas spezifischere Emotionen ein. Hast du dich im ersten Schritt beispielsweise für ›glücklich‹ entschieden, hast du nun die Wahl zwischen

fröhlich – zufrieden – freudig – optimistisch
sorglos – erwartungsvoll – stolz – erleichtert

Weiter geht es dann im dritten Rad. Auch hier finden zusätzliche Aufstellungen statt. Jedes Gefühl aus dem zweiten Rad wird an dieser Stelle noch einmal in zwei Unterkategorien aufgeteilt. Hast du dich gerade zum Beispiel für ›fröhlich‹ entschieden, stehst du nun vor der Frage, ob du dich eher ›vergnügt‹ oder ›beschwingt‹ fühlst?

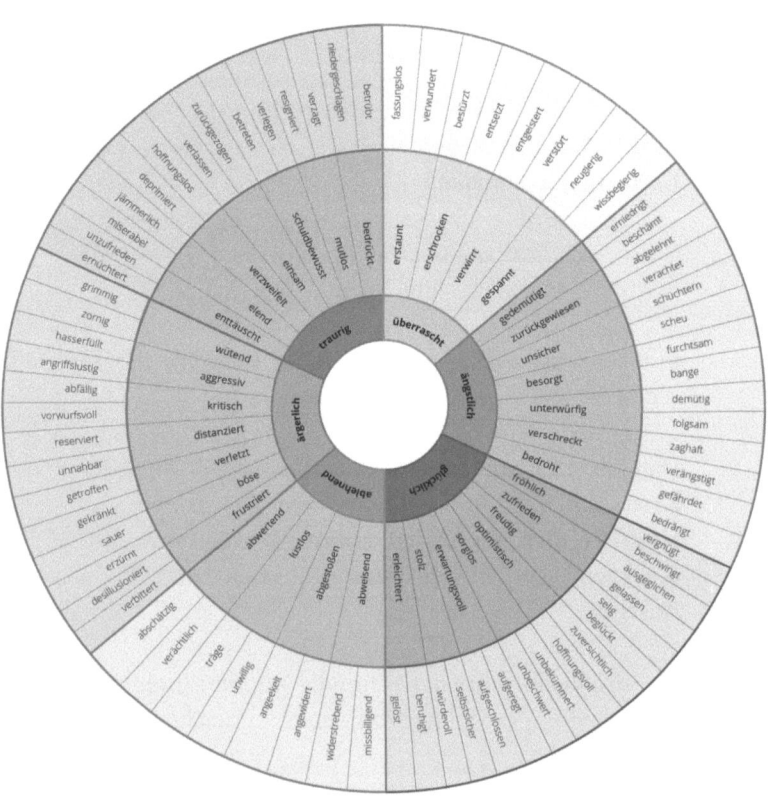

Wie wir unser Gehirn konditionieren

Wusstest du, dass es möglich ist, unseren Geist auf eine bestimmte Emotion zu konditionieren? Bei der emotionalen Programmierung wird ein Reiz mit einer bestimmten Reaktion in Verbindung gebracht. Ich möchte hier die drei Arten der Umstrukturierung kurz erklären:

- *Klassische Konditionierung*: Dabei wird ein neutraler Reiz, zum Beispiel ein Geräusch oder ein Bild, mit einem emotionsauslösenden Reiz, zum Beispiel einem Ereignis, das Angst oder Freude auslöst, verknüpft. Im Laufe der Zeit wird der neutrale Reiz mit der emotionalen Reaktion assoziiert, sodass er die Emotion von selbst auslösen kann.

- *Operante Konditionierung*: Dabei werden bestimmte Verhaltensweisen oder Gedanken, die mit der gewünschten Emotion verbunden sind, verstärkt und Verhaltensweisen oder Gedanken, die mit uner-wünschten Emotionen verbunden sind, aufgehoben. Dies kann durch positive Verstärkung geschehen, wie zum Beispiel durch Belohnung für Verhaltensweisen oder Gedanken, die die gewünschte Emotion fördern, oder durch negative Verstärkung: zum Beispiel durch Beseitigung oder Vermeidung von Situationen, die unerwünschte Emotionen auslösen.

- *Kognitive Umstrukturierung*: Dabei geht es darum, die Art und Weise, wie wir über bestimmte Situationen denken, so zu verändern, dass wir sie auf eine Weise interpretieren, die die gewünschte Emotion fördert. Wenn wir uns zum Beispiel selbstbewusster fühlen wollen, können wir negative Gedanken über unsere Fähigkeiten in positivere und selbstbestätigende Gedanken umwandeln.

Klingt gut und schön. Aber wie mache ich das?

Eine Konditionierung braucht Zeit, Geduld und Wiederholung.

- *Achte auf deine Trigger.* Das bedeutet für dich im Alltag achtsam zu sein, welche Situationen oder Ereignisse bei dir starke emotionale Reaktionen auslösen. Sobald du weißt, was deine Emotion auslöst, kannst du damit beginnen, deine Reaktion darauf zu beeinflussen.

- *Präsent sein*: Halte immer wieder einen Augenblick inne und wende deine Aufmerksamkeit nach innen. Welche körperlichen Empfindungen begleiten dich gerade? Das ermöglicht dir, ihrer bewusster zu werden.

- *Verändern der Situation*: Alles hat zwei Seiten. Welche Seite der Situation ist dir gerade nicht bewusst? Wie kannst du die Situation anders sehen? Welche Perspektive könnte eine Drittperson hier sehen?

- *Negative Gedanken*: Dass unsere Gefühle unsere Gedanken beeinflussen, wissen wir ja bereits. Jedem negativen Gedanken haftet auch eine unwillkommene Emotion an. Ertappst du dich also beim Urteilen über dich selbst, über andere oder über eine Situation, kannst du dir die Frage stellen, ob deine Einstellung auf Tatsachen beruht oder ob es noch eine andere Möglichkeit gibt, die Situation zu interpretieren. Änderst du deine Gedanken über die Situation, änderst du die Emotionen.

Schon gewusst?

Menschen, die unter der Emotion der Unsichtbarkeit leiden, beschreiben diese als Gefühl, ungesehen, unbemerkt oder unbedeutend zu sein. Es kann in einer Vielzahl von Situationen auftreten, zum Beispiel wenn man sich in sozialen Situationen ignoriert fühlt oder wenn man sich etwa im Berufsleben unterschätzt fühlt.

Unsichtbarkeit ist ein schwer zu bewältigendes Gefühl, da es Isolation, Einsamkeit und Abgeschiedenheit mit sich bringt. Wenn wir uns unsichtbar fühlen, stellen wir möglicherweise unseren eigenen Wert oder unsere Bedeutung infrage oder haben das Gefühl, dass wir unseren eigenen Erwartungen nicht gerecht werden.

Unsichtbarkeit kann aber auch ein Signal dafür sein, dass wir in unserem Leben nicht die Bestätigung bekommen, die wir brauchen, oder dass wir Schritte unternehmen müssen, um unsere Bedürfnisse effektiver zu kommunizieren.

Kann ich Emotionen loslassen?

»Was man bekämpft, stärkt man, und dem man widersteht, bleibt bestehen. Du musst nur loslassen, und wenn du es richtig verstanden hast, wird dir das Loslassen zeigen, dass es die einfachste Sache der Welt ist.« Eckhart Tolle

Das Wort ist in aller Munde. Einfach loslassen. Ja, aber wie? Tatsache ist, dass wir oft mit einer Emotion in den Widerstand gehen. Wir kämpfen dagegen an. Wenn ich dir sage ›Denke nicht an einen blauen Elefanten‹ wird das Bild sehr wahrscheinlich vor deinem inneren Auge erscheinen. Das Gehirn muss ihn sich zuerst vorstellen, um dann deinem Befehl des Vergessens zu folgen. Ähnlich ist es bei Emotionen. Das Loslassen von Emotionen kann ein schwieriger Prozess sein. Oftmals kannst du sie nicht willentlich freigeben, sie aber dich. Und zwar wenn du dir nicht mehr wünschst, sie nicht mehr zu haben:

- *Erkenne deine Gefühle an*: Akzeptiere, dass sie da sind. Das bedeutet, die Verantwortung für sie zu übernehmen. Es ist in Ordnung, sich auch mal wütend zu fühlen. Warum auch nicht? Emotionen sind ein Bestandteil unseres Menschseins. Und keine ist wichtiger als eine andere.

- *Identifiziere die Quelle*: Versuche herauszufinden, warum du das Gefühl empfindest. Hängt es mit einer bestimmten Situation oder einem Ereignis zusammen? Welche Erinnerung kommt dabei hoch?

- *Emotionen ausdrücken*: Eine Form, Emotionen zu akzeptieren ist, ihnen einen Namen zu geben. Drücke das in Worten aus, was du empfindest. Sprich mit jemandem darüber oder schreibe es auf. Erhalten sie eine Form und eine Erklärung, verlieren sie ihre Kraft.

- *Selbstfürsorge*: Körperliche und geistige Bewegung helfen, Emotionen loszulassen. Wie wäre es mit einem Spaziergang? Wie steht es um Aktivitäten, die dir Freude bereiten?

Wie kann ich mehr positive Emotionen erleben?

Das funktioniert unter anderem durch das bewusste Einüben neuer Gewohnheiten. Hier meine Lieblingsstrategien:

- *Übe dich in Dankbarkeit*: Achte auf das, wofür du im Leben dankbar bist. Eine schöne Übung kannst du abends machen. Schreibe dir drei Dinge auf, für die du an diesem Tag dankbar warst. Was hat dir gutgetan? Welcher Moment brachte dich zum Lachen?

- *Umgib dich mit Positivem*: Das beginnt bei der Deko in deiner Wohnung. Bring Farbe rein, Fröhlichkeit und Leichtigkeit. Beim Anblick welcher Bilder schmunzelst du? An welcher Art von Deko erwärmt sich dein Herz? Was unterstützt dich energetisch auf deinem Weg?

- *Aktivitäten, die Spaß bereiten*: Freude unterstützt positive Emotionen. Die Frage ist also: Wie kannst du mehr von ihr in dein Leben einladen? Welche Hobbys können dir dabei nützlich sein? Oder geht es darum, mehr Zeit in der Natur zu verbringen? Eine regelmäßige Meditation? Fehlt körperliche Bewegung?

- *Lösungsorientiert agieren*: Konzentriert man sich auf das Problem, scheint sich die Situation zu verschlimmern. Die Frage ist ›Was möchtest du?‹ und nicht ›Was möchtest du nicht?‹. Halte dich also nicht allzu lange mit den negativen Aspekten einer Situation auf. Was möchtest du denn stattdessen fühlen? Wie kommst du dahin?

- *Positive Selbstgespräche*: Das Umformulieren negativer Impulse in positive Affirmationen wird auf die Dauer die Farbe deiner Emotionen verändern. Anstatt zu sagen: ›Ich kann das nicht‹, versuche: ›Ich bin dazu fähig und werde mein Bestes geben.‹

- *Freundlich sein*: Klingt erstmal abgedroschen. Aber hilft, mehr positive Emotionen zu empfinden. Denn bist du freundlich und zuvorkommend zu anderen, wirst du im Gegenzug auch freundlicher behandelt werden.

Und letztendlich:

»Deine Überzeugungen werden zu deinen Gedanken,
deine Gedanken werden zu deinen Worten,
deine Worte werden zu deinen Handlungen,
deine Handlungen zu deinen Gewohnheiten,
deine Gewohnheiten werden zu deinen Werten,
deine Werte werden zu deinem Schicksal.«
Mahatma Gandhi

Die Grenzen positiven Denkens

Positives Denken kann zwar viele Vorteile haben, hilft aber nicht immer. Etwa wenn es als Mittel eingesetzt wird, um negative Emotionen zu vermeiden oder zu unterdrücken. Das Ignorieren negativer Gefühle verstärkt die in gewissen Fällen noch. Ängste und depressive Zustände können die Folge sein.

Das Leben durch eine ›rosarote Brille‹ zu sehen, führt zu unrealistischen Erwartungen und über kurz oder lang zu Enttäuschungen. Das positive Denken sollte also nicht dazu benutzt werden, die Realität zu ignorieren. Ist jemand zum Beispiel mit einer schweren Krankheit konfrontiert, reicht positives Denken allein sehr wahrscheinlich nicht mehr aus.

Man ist, was man denkt. Wirklich? In der Vorstellung ist vieles möglich. Wie schnell überschätzt man sich und seine Fähigkeiten und unterschätzt dabei die wirkliche Situation? Positives Denken hat dort ihre Grenzen, wo Risiken eingegangen oder Entscheidungen getroffen werden, ohne die möglichen Folgen vollständig zu bedenken.

»Positives Denken ist mächtig, aber nicht genug. Es geht nicht nur darum, positiv zu denken; es geht darum, kreativ und realistisch zu denken und zu handeln.« John C. Maxwell

Positives Denken ist sicher ein hilfreiches Instrument, keine Frage. Sei dir aber dabei immer bewusst, dass Emotionen – egal ob positive oder negative – uns Hilfestellung für unser Leben geben. Sie sind der große Bruder oder die große Schwester, die dich schützen möchte.

Über das Glück

Jeder versteht etwas anderes darunter. Und doch streben wir alle danach. Wie entsteht nun ein Glücksgefühl?

Glück ist eine komplexe Emotion, bei der chemische Prozesse im Körper vonstattengehen, die wir sehr wahrscheinlich gar nicht wahrnehmen. Das Gefühl zeigt sich bei jedem anders, da es von der Genetik, dem Umfeld und dem Lebensstil abhängig ist. Fühlst du dich aber glücklich, stehen die Chancen gut, dass körpereigene Hormone und Neurotransmitter am Werk sind:

1. Serotonin: Serotonin ist ein Neurotransmitter, der eine Rolle bei der Regulierung der Stimmung, des Sozialverhaltens und des Appetits spielt. Serotonin wird im zentralen Nervensystem aus der Aminosäure L-Tryptophan mithilfe bestimmter Enzyme und Mikronährstoffen als Co-Faktoren gebildet. Du kannst deinen Serotoninspiegel also mithilfe deiner Ernährung beeinflussen. Wichtig ist hierbei die erwähnte Aminosäure Tryptophan, die besonders häufig in Fisch und Nüssen vorkommt. Ein Mangel an Serotonin kann zu depressiven Zuständen, Schlaflosigkeit oder auch Kopfschmerzen führen. Außerdem neigen Menschen mit einem Serotoninmangel eher zu zwanghaftem Verhalten und impulsiven Gedanken.

2. Dopamin: Dopamin spielt eine Rolle bei der Motivation, Belohnung und dem Vergnügen. Es bildet sich in den (postganglionären sympathischen) Nervenenden und im Nebennierenmark aus der Aminosäure Tyrosin. Diese befindet sich zum Beispiel in Eiern, Milchprodukten, Hülsenfrüchten und Rindfleisch. Eine eiweißreiche Ernährung kann somit eine Grundlage für ein glücklicheres Leben sein. Als Neurotransmitter ist es die zentrale Aufgabe von Dopamin, Informationen vom Gehirn weiterzuleiten. Ist der Dopaminspiegel zu niedrig, bleiben bestimmte Reize unbeantwortet. Das kann sich in Form von Antriebslosigkeit, schwindender Konzentration und fehlender Motivation äußern.

3. Endorphin: Endorphine sind natürliche Schmerz-mittel und Stimmungsaufheller. Sie werden als Reaktion auf Bewegung, Lachen und andere angenehme Aktivitäten ausgeschüttet. Hergestellt werden sie in der Hypophyse und im Hypothalamus, also im Gehirn selbst. Zu wenig Endorphine im Körper können zu einer Form von Suchtverhalten führen. Betroffene werden dann süchtig nach dem ›Rauscheffekt‹ der Glückshormone. Um diesen Effekt künstlich herbeizuführen, wird etwa öfter zu Alkohol und anderen Drogen gegriffen.

4. Oxytocin: Oxytocin wird oft als ›Liebeshormon‹ bezeichnet, weil es bei sozialen Bindungen wie Umarmungen, Küssen und anderen körperlichen Berührungen ausgeschüttet wird. Es wird auch mit Gefühlen von Vertrauen und Empathie in Verbindung

gebracht. Gebildet wird das Oxytocin hauptsächlich im Hypothalamus des Gehirns, im sogenannten Nucleus paraventricularis. Das Hormon unterdrückt das Angst- und Fluchtverhalten, reduziert Stress und weckt angenehme, lustvolle Gefühle.

5. Cortisol: Cortisol ist ein Hormon, das als Reaktion auf Stress ausgeschüttet wird. Es wird in der Nebennierenrinde gebildet. Ein hoher Cortisolspiegel kann der Gesundheit und dem Wohlbefinden abträglich sein, aber in geringen Mengen durchaus positive Auswirkungen wie zum Beispiel die Steigerung der Wachsamkeit und die Verringerung von Entzündungen haben. Kurzfristig macht es uns also leistungsfähiger und schützt den Organismus vor Überlastung. Alkohol, Kaffee oder raffinierter Zucker lassen den Cortisolspiegel rapide ansteigen. Typische Zeichen eines Cortisolmangels (infolge zum Beispiel einer Nebennereninsuffizienz) sind Müdigkeit, Schwindel, Appetitmangel, Übelkeit, innere Unruhe, Gereiztheit oder auch Vergesslichkeit.

Gibt es Emotionen, die ein Glücksgefühl unterstützen?

Ja, die gibt es tatsächlich:

- *Dankbarkeit*: Ist es dir möglich, die positiven Aspekte deines Lebens zu sehen, wirst du dich erwiesenermaßen zufriedener und glücklicher fühlen.

- *Liebe und Mitgefühl*: Die Verbindung mit anderen

durch Liebe und Mitgefühl fördert positive Gefühle. Dazu gehören Dinge wie zuvorkommende Handlungen gegenüber anderen oder jemandem zuzuhören.

- *Freude und Heiterkeit*: Das Erleben von Freude und Spaß durch Lachen etwa kann ein wirksames Mittel zur Steigerung des Glücksgefühls sein. Lachen hilft übrigens auch dabei, Stress abzubauen.

- *Ehrfurcht und Staunen*: Vielleicht ist das dir auch schon passiert, wenn du zum Beispiel eine große Kathedrale betrittst. Oder wenn du einen Sonnenuntergang bestaunst. Es sind Gefühle der Verbundenheit und der Demut, die sich dann zeigen dürfen.

- *Zufriedenheit*: Zufrieden sein mit dem, was man hat und wo man im Leben gerade steht, ist tatsächlich eine Schlüsselkomponente. Denn wenn du mit dem, was du hast, nicht glücklich sein kannst, wirst du es mit dem, was du dir wünschst, auch nicht sein können.

Schon gewusst?

Liebeskummer ist ein starkes und schmerzhaftes Gefühl, das durch den Verlust einer wichtigen Beziehung oder das Nichterreichen eines gewünschten Ergebnisses entstehen kann. Er kann sich als tiefes Gefühl der Traurigkeit, Einsamkeit und Trauer äußern und von körperlichen Symptomen wie Brustschmerzen, Atemnot und Müdigkeit begleitet werden. Wenn wir Liebeskummer erleben, haben wir vielleicht das Gefühl, einen Teil von uns selbst verloren zu haben oder ohne die andere Person oder das Ergebnis nicht mehr ganz zu sein.

> *»Die Sache, wenn einem das Herz gebrochen wird, ist: dass es dich so verzweifelt macht nach irgendetwas, dass sogar ein Schimmer von Hoffnung dich dazu bringen kann zu denken, du bist verliebt.« Rupi Kaur*

Trauer hingegen wird in der Regel mit dem Tod eines geliebten Menschen in Verbindung gebracht, kann aber auch als Reaktion auf andere Arten von Verlusten erlebt werden, zum Beispiel das Ende einer wichtigen Beziehung oder eine große Veränderung im Leben.

Obwohl sowohl Liebeskummer als auch Trauer mit intensivem emotionalem Schmerz und einem Gefühl des Verlusts oder der Trennung verbunden sind, unterscheiden sie sich in Bezug auf ihre Ursachen und Hintergründe. Herzschmerz wird in der Regel mit einem bestimmten Ereignis oder einer bestimmten Situation in Verbindung gebracht, während Trauer oft ein fortlaufender Prozess ist, der über einen längeren Zeitraum andauern kann.

Bei der Bewältigung von Liebeskummer ist wichtig, sich um sich selbst zu kümmern, zum Beispiel durch Selbstfürsorge, körperliche Betätigung und die Beschäftigung mit Aktivitäten, die Freude und Erfüllung bringen. Letztendlich ist Liebeskummer auch eine Gelegenheit für Wachstum, Selbstreflexion und die Entwicklung von Selbstwertgefühl.

Verhaltensmuster

*»Die Handlung scheint dem Gefühl zu folgen,
aber in Wirklichkeit gehören Handlung
und Gefühl zusammen. Und indem wir die
Handlung regulieren, die unter der direkteren
Kontrolle des Willens steht, können wir indirekt
das Gefühl regulieren, das das nicht tut.«
William James*

Das Stichwort ist dabei ›handeln‹. Wer in einer emotionalen Situation feststeckt, hat oft den Eindruck, nichts mehr tun zu können. Bei der Verhaltens-aktivierung sollen betroffene Aktivitäten wieder aufgenommen werden, die dir wichtig sind oder dir in der Vergangenheit Freude gemacht haben.

Insbesondere bei depressiven Verstimmungen kann diese Handhabung gute Erfolge verzeichnen:

- *Identifiziere dein derzeitiges Verhaltensmuster:* Beginne damit, deinen Verhaltensweisen auf die Spur zu kommen, die zu deinen negativen Emotionen beitragen. Wenn du dich zum Beispiel ängstlich fühlst, verbringst du vielleicht viel Zeit allein, meidest soziale Interaktionen oder gehst Gedanken nach, die dich vom Hier und Jetzt fernhalten.

- *Setze dir konkrete Ziele*: Weißt du, welche Verhaltensweisen dich in diese Situation gebracht haben, liegt der zweite Schritt darin, konkrete Ziele zu setzen. Die Frage ist, was möchtest du stattdessen? Wenn du zum Beispiel geselliger werden willst, könnte ein Ziel sein, jede Woche an einer gesellschaftlichen Veranstaltung teilzunehmen.

- *Werde aktiv*: Fang mit kleinen Schritten an. Hier braucht es ein bisschen Mut. Bleiben wir im Beispiel ›geselliger werden‹, so könnte der erste Schritt zum Beispiel sein, einen Arbeitskollegen oder Nachbarn auf einen Kaffee einzuladen. Oder vergangene Freundschaften wieder aufleben zu lassen. In wessen Gesellschaft/Umgebung fühlst du dich wohl?

- *Achte auf die Umsetzung*: Wie schnell fällt man doch wieder in alte Muster zurück! Achte also darauf, wie sich deine Emotionen verändern, wenn du dich auf die neuen Verhaltensweisen einlässt. Dies hilft dir, motiviert zu bleiben und deine Ziele an deine Bedürfnisse anzupassen.

- *Feiere deine Erfolge*: Jeder Fortschritt bei der Umsetzung darf gefeiert werden. Erkenne die positiven Gefühle an, die mit dem Erreichen der kleinen und großen Ziele einhergehen, und nutze diesen Schwung, um weitere positive Veränderungen vorzunehmen.

Indem du dein Verhalten änderst, kannst du negative Gefühlsmuster unterbrechen und sie durch positive Gefühle ersetzen. Mit der Zeit und etwas Übung werden die zu einem natürlichen Teil deiner täglichen Routine. Also dran bleiben!

Wenn eine Pflanze krank wird

Was passiert, wenn eine Pflanze krank wird? Genau. Man wechselt ihren Standort, topft sie um, gibt ihr Dünger und Wasser, schaut vielleicht, dass sie nicht in der Zugluft oder im direkten Sonnenlicht steht. Warum machen wir das nicht bei uns ebenso? Du kannst deine Emotionen durch deine Umgebung wesentlich beeinflussen. Hier einige Überlegungen zur Inspiration:

- *Umgib dich mit positiven Menschen*: Schneller gesagt als getan, wirst du mir sagen. Ganz so kompliziert ist es jedoch nicht. Auch wenn du Menschen um dich hast, die bei dir eher Stress und negative Emotionen auslösen, so ist es dir doch möglich, die Zeit mit ihnen zu limitieren. ›Grenzen setzen‹ heißt das Zauberwort. In der Gegenwart welcher Menschen fühlst du dich verbunden und glücklich? Wenn du Mühe hast, das zu erspüren, dann frag dich, in welcher Begleitung sich dein Leben leichter anfühlt.

- *Vom Licht des Lebens*: Wie fühlst du dich, wenn es einige Tage grau und regnerisch ist? Licht hat einen erheblichen Einfluss auf unsere Stimmung. Sonnenlicht wird die Produktion von Serotonin anregen und hilft, Vitamin D zu produzieren. Verbesserte kardiovaskuläre Gesundheit, ein geringeres Risiko für bestimmte Krebsarten und ein niedrigerer Blutdruck wird mit Sonnenlicht in Verbindung gebracht. Je mehr Helligkeit, desto anregender ist die Umgebung. Je weniger Lichtquellen sich um dich befinden, desto beruhigender die Atmosphäre.

- *Zeit in der Natur*: Die Natur bietet eine Atempause von der Reizüberflutung des modernen Lebens. Ein Aufenthalt im Wald oder an einem See wirkt deshalb entspannend. Die Farbe Grün hat erwiesenermaßen eine beruhigende Wirkung auf unser Gehirn und die Bäume und Pflanzen geben uns ein Gefühl von Verbundenheit. Warum ist das so? Weil die Natur nicht urteilt.

> *»Die Natur urteilt nicht, sie existiert einfach.*
> *Und wir können neben ihr existieren und*
> *in ihren Rhythmen und Zyklen Frieden und*
> *Trost finden.« Dr. Rachel Naomi Remen*

Ein weiterer Aspekt neben der Ruhe und der Erholung ist die Schönheit. Es fällt uns leichter, Sorgen über die Vergangenheit oder die Zukunft loszulassen und uns auf den gegenwärtigen Moment zu konzentrieren, wenn wir von Schönheit umgeben sind.

- *Entrümple*: Unordnung kann eine Quelle von Stress sein, da sie Gefühle der Überforderung und Unsicherheit hervorruft oder unterstützt. Eine unübersichtliche Umgebung lenkt ab und erschwert die Konzentration. Entrümpeln trägt in diesem Fall dazu bei, einen besser organisierten und produktiveren Raum zu schaffen, was wiederum Gefühle wie Zufriedenheit und Erfüllung auf den Plan ruft. Ist deine Umgebung inspirierend, so kannst du auch die unliebsamen Emotionen in dir besser handhaben.

Du siehst, deine Umgebung hilft, den Wunsch nach inneren Veränderungen zu unterstützen. Mehr Tipps dazu findest du in der *Tipp-Trick-Kiste* im Anhang dieses Buches.

Schon gewusst?

Vorahnung ist eine Emotion, die durch ein Gefühl von drohendem Unheil oder drohender Gefahr gekennzeichnet ist. Es kann aus einer Vielzahl von Quellen entstehen, einschließlich vergangener traumatischer Erfahrungen, Ungewissheit über die Zukunft oder ein erhöhtes Bewusstsein für potenzielle Risiken und Bedrohungen.

Aus psychologischer Sicht kann die Vorahnung mit einer Form der Stressreaktion in Verbindung gebracht werden. Das heißt: Hormone wie Adrenalin und Cortisol werden ausgeschüttet, die Herzfrequenz, der Blutdruck und die Atmung erhöhen sich und dein Körper bereitet sich darauf vor, auf die wahrgenommene Bedrohung zu reagieren.

Vorahnungen sind von kulturellen und gesellschaftlichen Faktoren abhängig. So erleben beispielsweise Menschen, die zu marginalisierten oder unterdrückten Gemeinschaften gehören, aufgrund ihrer Erfahrungen mit Diskriminierung, Gewalt oder sozialer Ungerechtigkeit ein verstärktes Gefühl der Vorahnung. Ebenso Menschen, die in Gebieten mit politischen oder sozialen Unruhen leben.

Kurz- und langfristige Möglichkeiten

Abschließend hier noch einmal einige kurz- und langfristige Lösungen für den Umgang mit negativen Emotionen.

Kurzfristige Lösungen

- *Atme tief durch*: Atemübungen helfen, den Geist zu beruhigen und die Intensität negativer Emotionen zu verringern.

- *Übe dich in Achtsamkeit*: Achtsamkeitstechniken wie Meditation helfen, sich auf das Hier und Jetzt zu konzentrieren und so die Auswirkungen negativer Gedanken und Gefühle zu verringern.

- *Körperliche Betätigung*: Bewegung setzt Endorphine frei, die natürliche Stimmungsaufheller sind. Das Prinzip lautet RKZK: **R**aus aus dem **K**opf und **z**urück in den **K**örper. Warum?

Weil der Körper nur im Hier und Jetzt existiert. Gedanken hingegen können sich sowohl in der Vergangenheit als auch in der Zukunft verirren.

- *Ablenkungen*: Manchmal kann es hilfreich sein, sich einfach abzulenken. Unterbrich also bewusst das, was du gerade tust, und nimm eine Auszeit. Die muss nicht lang sein, aber sie dient dazu, das Muster hinter der Emotion zu unterbrechen.

- *Selbstfürsorge*: Was würde dir denn in genau diesem Moment guttun? Welche Bedürfnisse verstecken sich hinter den wahrgenommenen Emotionen? Wovon hast du gerade zu wenig, wovon zu viel?

Langfristige Lösungen

- *Therapie*: Es hat heutzutage nichts Verwerfliches mehr, sich helfen zu lassen. Eine neutrale Person kann dir beistehen, um die zugrundeliegenden emotionalen Sachverhalte zu erkennen, anzugehen und gesunde Bewältigungsstrategien zu entwickeln.

- *Kognitive Verhaltenstherapie (KVT)*: Im Rahmen dieser Therapieform lernst du, Wahrnehmungs-verzerrungen und fehlerhafte Bewältigung von Problemen zu erkennen und zu relativieren, damit alltägliche Problemsituationen besser bewältigt werden können.

- *Stressbewältigungstechniken*: Hier stehen dir eine große Bandbreite unterschiedlichster Entspannungs-übungen und Techniken zur Verfügung, wie zum Beispiel autogenes Training, progressive Muskel-entspannung nach Jacobson, Atemtherapie, Qi-Gong, Yoga, Meditation, um nur einige zu nennen. Natürlich sollte man da auch die Ursachen solcher Stress-situationen hinterfragen und sehen, was da in die Veränderung gehen darf oder muss.

- *Selbstreflexion*: Das Ziel dabei ist, Klarheit in seine Gedanken zu bringen und Raum für kreative Ideen zu schaffen. Eine Möglichkeit ist das Schreiben über deine Emotionen. Im Unterschied zum einfachen Tagebuch hältst du beim so genannten ›Journaling‹ vor allem Gedanken und Gefühle fest. Nimm dir dafür jeden Tag etwas Zeit, am besten ein paar Minuten abends, um über den vergangenen Tag zu reflektieren, dir selbst Fragen zu stellen und dir so aktuelle Ereignisse bewusster zu machen. Ziel ist es, fokussierter durch den Alltag zu gehen.

- *Gesunde Lebensweise*: Sich gesund zu ernähren, ausreichend zu schlafen, und deinem Körper regelmäßig Bewegung zu gönnen, sind oft unterschätzte Hilfsmittel, um dein bewegtes Innenleben stabilisieren können.

> *»Gesunde Gewohnheiten werden*
> *auf dieselbe Weise erlernt wie*
> *ungesunde – durch Übung.«*
> *Wayne Dyer*

Das Zitat unterstreicht den Gedanken, dass ein gesunder Lebensstil nicht von heute auf morgen erreicht werden kann, sondern etwas ist, das im Laufe der Zeit geübt und entwickelt werden muss. Genauso wie wir ungesunde Gewohnheiten durch wiederholtes Verhalten entwickeln konnten, haben wir die Möglichkeit, auch gesunde Gewohnheiten durch absichtliches Üben und Bereitwilligkeit zu festigen.

Dritter Teil

Wie nutze ich Emotionen?

Die richtige Richtung

Auch wenn es vielleicht nicht immer den Anschein hat, aber unsere Emotionen sind mit unseren menschlichen Grundbedürfnissen verbunden. Dazu zähle ich unter anderem Liebe, Zugehörigkeit und Sicherheit. Wenn wir also auf unsere Emotionen achten, erkennen wir sehr schnell, was wir wirklich brauchen, um uns erfüllt und glücklich zu fühlen.

Unsere Emotionen helfen uns zum Beispiel, Entscheidungen zu treffen, indem sie uns ein Gefühl dafür geben, was wir wollen und was nicht. Wenn wir uns etwa für einen bestimmten Karriereweg begeistern, kann das ein Zeichen dafür sein, dass er mit unseren aktuellen Werten und Interessen übereinstimmt.

Emotionen sind da, um unsere Grenzen sichtbar zu machen. Beispielsweise reagieren wir verärgert oder wütend auf jemanden, der unsere persönlichen Bedürfnisse nicht wahrgenommen hat. In dem Fall fordert uns die Wut dazu auf, unsere Grenzen klarer zu kommunizieren. Warum? Weil es eine der grundlegenden Funktion von Ärger ist, eine Situation oder einen involvierten Menschen auf Distanz zu halten.

Emotionen wirken als zusätzliche Energiereserven. Gefühle wie Entschlossenheit, Mut und Widerstandsfähigkeit sind treibende Kräfte. Sie geben uns die zusätzlich benötigte Energie, um Herausforderungen und Hindernisse in unserem Leben zu überwinden.

Indem wir unsere Gefühle authentisch zum Ausdruck bringen, können wir stärkere Beziehungen zu unseren Mitmenschen aufbauen. Emotionen können dabei helfen, mit ihnen in Kontakt zu treten.

»Verletzlichkeit ist der Klebstoff,
der die menschlichen Beziehungen zusammenhält.«
Brené Brown

Brené Brown unterstreicht den Gedanken, dass Verletzlichkeit für den Aufbau starker, bedeutungsvoller Beziehungen zu anderen unerlässlich ist. Wenn wir uns erlauben, jemandem gegenüber verletzlich zu sein, setzen wir uns zwar der Möglichkeit aus, zurückgewiesen zu werden, aber wir schaffen auch die Voraussetzung für eine tiefere, authentische Verbindung. Erst Verletzlichkeit ermöglicht uns, mit anderen auf einer durchaus menschlichen Ebene zu interagieren.

Indem wir bereit sind, unser wahres ›Ich‹ zu zeigen, mit all seinen Unvollkommenheiten, schaffen wir einen Raum für andere, das Gleiche zu tun. Und bauen dadurch die Art von Verbindungen auf, die uns durch die Höhen und Tiefen des Lebens tragen.

Sieben grundlegende Emotionen

Paul Eman, US-amerikanischer Anthropologe und Psychologe, der besonders für seine Forschungen zur nonverbalen Kommunikation bekannt wurde, identifizierte sieben Basisemotionen, die kultur-übergreifend bei allen Menschen auftreten: Freude, Wut, Angst, Traurigkeit, Ekel, Überraschung und Verachtung.

1. Freude: Genauso wie Glück ist Freude eine positive Emotion, die durch Gefühle der Zufriedenheit und Befriedigung gekennzeichnet ist. Sie wird oft mit Erfahrungen wie Liebe und Erfolg in Verbindung gebracht.

2. Wut: Wut ist eine negative Emotion, die durch Gefühle der Frustration, Verärgerung und Feindseligkeit gekennzeichnet ist. Sie wird durch Situationen ausgelöst, die als ungerecht, bedrohlich oder frustrierend empfunden werden.

3. Angst: Angst ist eine negative Emotion, die durch Gefühle der Besorgnis, Angst und Nervosität gekennzeichnet ist. Sie wird durch Situationen ausgelöst, die als gefährlich oder bedrohlich empfunden werden.

4. Traurigkeit: Traurigkeit ist eine negative Emotion, die durch Verlust und Verzweiflung gekennzeichnet

ist. Sie wird unter anderem durch Situationen wie den Tod eines geliebten Menschen, eine Trennung oder einen Misserfolg ausgelöst.

5. Abscheu: Ekel ist eine negative Emotion, die durch Gefühle des Abscheus und der Übelkeit gekennzeichnet ist. Sie wird häufig durch Situationen ausgelöst, die als schmutzig, abstoßend oder unmoralisch empfunden werden.

6. Überraschung: Überraschung ist eine neutrale oder positive Emotion, die durch Gefühle wie Erstaunen, Verwunderung und Verwirrung gekennzeichnet ist. Sie wird häufig durch unerwartete oder neuartige Ereignisse ausgelöst.

7. Verachtung: Unter Verachtung versteht man, wenn jemand jemanden oder etwas als schlecht oder minderwertig ansieht. Es geht also um den Mangel an Achtung und das Fehlen von Wertschätzung.

Diese grundlegenden Emotionen sind in mehrfacher Hinsicht miteinander verbunden. Sie können zum Beispiel in unterschiedlicher Intensität erlebt werden und sich zu komplexen Gefühlserlebnissen verbinden. Außerdem können einige Emotionen andere auslösen. So kann zum Beispiel Angst Gefühle von Wut oder Ekel auslösen, während Glücksgefühle Traurigkeit oder Angst abschwächen können.

Die Frage hier wäre: Welche Emotion steckt hinter einer Reaktion?

Schon gewusst?

Verachtung ist eine Emotion, die durch Gefühle der Geringschätzung oder des Ekels gegenüber einer Person oder einer Sache gekennzeichnet ist. Sie kann sich auf Einzelpersonen, Gruppen oder sogar auf Ideen oder Werte beziehen.

Aus evolutionärer Sicht hat sich Verachtung möglicherweise ursprünglich als Mittel zur Durchsetzung von Dominanz und zur Aufrechterhaltung sozialer Hierarchien entwickelt. In manchen Fällen trug die Verachtung anderer Menschen dazu bei, sozialen Status oder Einfluss zu gewinnen.

In der modernen Gesellschaft kann Verachtung jedoch auch durch eine Vielzahl anderer Faktoren ausgelöst werden, wie zum Beispiel durch empfundene Respektlosigkeit oder eine Verletzung persönlicher Werte oder Überzeugungen. Als Emotion führt sie des Öfteren zu Wut, Groll und dem Wunsch nach Rache oder Vergeltung.

Was manche Menschen vielleicht nicht wissen, ist die Tatsache, dass es sich hier um eine relativ stabile Emotion handeln kann, das heißt: Wenn jemand einmal Verachtung gegenüber einer anderen Person oder Gruppe entwickelt hat, kann es schwierig sein, diese Gefühle zu ändern oder zu beseitigen. Durch die dadurch spürbare Feindseligkeit, die Abwehrhaltung und den eventuellen Abbruch der Kommunikation muss die Verachtung also schnell hinterfragt werden, soll sie nicht Beziehungen längerfristig schädigen.

Vom Gefühl, nicht gut genug zu sein

Das Gefühl, nicht genug zu sein, ist oftmals auf ein Gefühl der Unzulänglichkeit, ein geringes Selbstwertgefühl oder Versagensängste zurückzuführen.

Eine der Hauptherausforderungen sehe ich in den möglichen Folgen wie zum Beispiel einem negativen Selbstbild, Selbstkritik oder mangelndem Selbstvertrauen. Scham- oder Schuldgefühle sind auch nie weit entfernt.

Je länger du diese Emotion zulässt, desto größer der mögliche Schaden.

Wenn du also immer wieder das Gefühl bekommst, nicht genug zu sein, dann ist es an der Zeit, etwas zu unternehmen.

Viele Menschen haben mit dem Gefühl der Unzulänglichkeit zu kämpfen, selbst diejenigen, die nach außen hin erfolgreich und selbstbewusst erscheinen.

Als Erstes wollen wir festhalten, dass das Gefühl, nicht genug zu sein, nicht die Realität widerspiegelt. Es beruht in den meisten Fällen auf Selbstbeurteilung und den Vergleich mit anderen.

»Wir leben in einer Welt, die uns ständig
vorzuschreiben versucht, wer wir sein, wie wir
aussehen und wie wir unser Leben leben sollen. Aber
wahrer Selbstwert entsteht aus dem Wissen, dass wir
furchtsam und wunderbar geschaffen sind und dass
wir eine einzigartige Aufgabe haben, die nur wir
erfüllen können. Wenn wir uns darauf konzentrieren,
uns selbst treu zu bleiben und dem Weg zu folgen,
den das Leben uns vorgezeichnet hat, können wir mit
Zuversicht und Freude leben und wissen, dass wir
genug sind, so wie wir sind.« Autor unbekannt

Eine Möglichkeit in diesem Zusammenhang besteht
also in einer Form von Selbstfürsorge. Dir selbst mit
Freundlichkeit, Verständnis und Akzeptanz zu
begegnen, anstatt dich selbst zu verurteilen oder
kleinzumachen. Es bedeutet auch, sich um seine
körperlichen und emotionalen Bedürfnisse zu
kümmern, und bei Bedarf Unterstützung holen. Die
große Gefahr hier ist, sich immer wieder hinten
anzustellen und sich so für das Gefühl selbst zu
bestrafen.

Ein weiterer Ansatz: sich auf persönliches Wachstum
und Lernen zu konzentrieren. Anstatt deinen Wert an
äußeren Maßstäben zu messen, konzentrierst du dich
auf Ziele, die du dir selbst wählst. Feiere auch die
kleinen Schritte und hab vor allem Freude am Weg.
Merke dir eins: Nicht das Ziel ist der Weg, sondern
der Mensch, der du dabei wirst.

Kommst du trotzdem in eine Situation (und die wird es immer wieder geben dürfen), in der Zweifel aufkommen, nimm dir einen Augenblick Zeit und ehre den bereits zurückgelegten Weg. Schau, wie weit du schon gekommen bist. Du darfst stolz auf dich sein!

Anderen Menschen zu helfen, kann das eigene Selbstwertgefühl steigern. Eine Studie der Cleveland Clinic ergab, dass Jugendliche, die Fremden gegenüber freundlich waren, sicherer durch die oft wilden Wasser der Teenagerjahre navigierten. Die Studie zeigt deutlich, dass sich die Jugendlichen durch diese kleinen und großen Hilfeleistungen fähiger fühlten.

Wie kann ich nun das Gefühl, nicht genug zu sein, für mich nutzen?

Es ist zwar nicht unbedingt offensichtlich. Aber auch dieses Gefühl birgt in sich ein Potenzial für Wachstum.

- *Woher kommt das Gefühl?* Nimm dir etwas Zeit, um darüber nachzudenken, warum du das Gefühl überhaupt hast. Liegt es daran, dass du dich mit anderen vergleichst? Oder an einer vergangenen Erfahrung, die dein Selbstwertgefühl beeinträchtigt hat? Liegt es an einer bestimmten Person oder Situation, in der dieses Gefühl immer wieder auftaucht?

- *Überdenke deine Ziele*: Vielleicht beruhen die gesteckten Ziele auf externen Erfolgsmaßstäben. Also solchen, die du nicht beeinflussen kannst. Indem du das große Ziel in viele kleinere unterteilst, kannst du für dich realistischere und vor allem erreichbarere Voraussetzungen schaffen. Zudem wirst du jedes Zwischenziel feiern können und so auf dem Weg Stärke und Sicherheit gewinnen.

- *Neue Fähigkeiten entwickeln*: Wenn du das Gefühl hast, in einem bestimmten Bereich nicht zu genügen, zum Beispiel bei der Arbeit, kann es daran liegen, dass du dich nicht bereit für den Job fühlst. Welche Tools oder welche Kenntnisse könntest du dir aneignen, um deinem unangenehmen Gefühl entgegenzukommen? Welche zusätzliche Fähigkeit wünschst du dir gerade in dieser Situation?

- *Suche dir Unterstützung*: Ich meine damit nicht unbedingt eine Therapie. Gibt es zum Beispiel andere Menschen in deinem Umfeld, die auch so fühlen? Wie gehen die mit solchen Situationen um? Ein unterstützendes Netzwerk hilft, sich verbunden und daher weniger allein zu fühlen.

In dieser Weise kann das Gefühl, nicht genug zu sein, auch zu einem Motivator für persönliches Wachstum und Selbstverbesserung werden.

Wenn du diese Emotion als Möglichkeit siehst, um zu lernen und neue Fähigkeiten zu entwickeln, wirst du in kürzester Zeit dein Selbstvertrauen stärken.

Rechtfertigst du dich ständig?

Mit dem Wunsch, unsere Handlungen zu rechtfertigen und damit zu glauben, dass wir immer das Richtige tun, verzerren wir unsere Wahrnehmung der Realität. Wir ziehen es vor, unser Selbstbild zu bewahren, anstatt die Wahrheit zu sehen. Das kann zum emotionalen Teufelskreis werden.

Warum rechtfertigen sich Menschen eigentlich?

Das kann unterschiedliche Gründe haben:

1. Geringes Selbstwertgefühl: Das Bedürfnis, sich ständig vor anderen zu rechtfertigen, ist ein Hilferuf. Diesen Menschen fehlt es oft an Anerkennung oder Bestätigung. Sie glauben vielleicht, dass ihr Wert von der Meinung anderer abhängt, und fühlen sich deshalb ängstlich oder unsicher, wenn sie das Gefühl bekommen, beurteilt oder kritisiert zu werden.

2. Verunsicherung: Unsichere Menschen haben das Bedürfnis, ihren Wert oder ihre Kompetenz zu beweisen. Sie befürchten, dass andere sie als unzulänglich oder fehlerhaft ansehen, und verteidigen sich deshalb gegen vermeintliche Kritik oder negatives Feedback.

Manchmal identifizieren sie sich auch mit äußeren Umständen. Kritisiert man diese dann, nehmen sie es persönlich. Die folgende Reaktion fällt dann defensiv oder aggressiv aus, weil die Situation als eine Bedrohung wahrgenommen wird. Es ist ein Versuch, sein Ego oder seinen Ruf zu schützen.

3. Perfektionismus: Perfektionistische Menschen benutzen die Rechtfertigung, um ein Bild des Erfolgs aufrechtzuerhalten. Sie fürchten sich möglicherweise vor Versagen oder Unvollkommenheit. Die Rechtfertigung ist ein Mittel, um die Kontrolle über ihr Image zu erhalten.

4. Verantwortungsbewusstsein: Schließlich gibt es Menschen, die sich ständig rechtfertigen, um die Verantwortung für ihre Handlungen oder Entscheidungen nicht übernehmen zu müssen. Sie machen möglicherweise äußere Faktoren oder Umstände für ihre Fehler verantwortlich. Dadurch müssen sie ihr eigenes Verhalten nicht ändern.

Wie kann man nun Rechtfertigung nutzen?

- *Sei dir über deine Absichten im Klaren*: Bevor du etwas unternimmst oder eine Entscheidung triffst, frage dich, warum du es tun möchtest. Stimmt dein Handeln mit deinen Werten überein? Wird dein Eingreifen dich näher an dein Ziel bringen? Musst du in der Situation überhaupt reagieren?

- *Vertraue deiner inneren Stimme*: Hast du dich nach reiflicher Überlegung entschieden, vertraue dir. Stelle deine Entscheidung nicht mehr infrage. Warum? Weil du Entscheidungen nur allein treffen kannst.

Niemand wird es für dich tun können. Deshalb brauchst du dich auch nicht zu erklären. Keine Angst, je mehr solcher Entscheidungen du fällst, desto sicherer wirst du.

- *Setze Grenzen*: ›Nein!‹ ist ein ganzer Satz. Ohne Wenn und Aber. Wenn du nun Angst vor der Reaktion auf dieses ›Nein!‹ hast, dann rufe dir in Erinnerung, dass die mögliche Reaktion nichts mit dir zu tun hat, sondern mit der Art, wie die andere Person es auffasst. Nur weil sie anderer Meinung ist, heißt das noch lange nicht, dass du falschliegst.

- *Übe dich in Selbstmitgefühl*: Erinnere dich, dass du ein Mensch bist und dass Menschen eben Fehler machen dürfen und sollen. Momente des Selbstzweifels sind also ganz normal. Behandle dich selbst immer mit dem Verständnis und Mitgefühl, das du auch deinem Lieblingsmenschen entgegenbringen würdest.

- *Achte auf dein Umfeld*: Umgib dich mit Menschen, die deine Entscheidungen respektieren und nicht ständig Erklärungen verlangen. Mit welchen Menschen hast du tagtäglich zu tun? Welche geben dir ein Gefühl, gut genug zu sein? Bei welchen verspürst du eher den Drang, dich rechtfertigen zu müssen?

Um in der Lage zu sein, die Spirale der Selbstrechtfertigung zu korrigieren, müssen wir akzeptieren, dass etwas, das wir getan haben, von dem getrennt werden kann, was wir sind und wer wir sein wollen. Unser vergangenes Selbst muss keine Blaupause für unser zukünftiges Selbst sein.

Der Weg der Freiheit beginnt mit der Einsicht, dass das, was wir sind, das beinhaltet, was wir getan haben, aber auch darüber hinausgeht. Und das Mittel, um es zu überwinden, ist Selbstmitgefühl. Das macht den Weg frei. Es erlaubt uns, die Vergangenheit loszulassen und uns auf die Gestaltung der Zukunft zu konzentrieren.

Schon gewusst?

Hybris bezeichnet ein Gefühl, das durch übermäßigen Stolz oder Arroganz gekennzeichnet ist. Sie geht oft mit Selbstüberschätzung oder einer übertriebenen Selbstherrlichkeit einher und kann Menschen zu riskantem oder rücksichtslosem Verhalten verleiten.

Aus psychologischer Sicht erklärt sich die Hybris durch frühere Erfolge oder Leistungen, Gefühle der Überlegenheit oder des Anspruchs, sich anderen gegenüber zu beweisen. Sie kann auch durch kulturelle oder gesellschaftliche Faktoren beeinflusst werden, zum Beispiel durch die Konzentration auf individuelle Leistung und Erfolg.

Während ein gewisses Maß an Selbstvertrauen und Durchsetzungsvermögen in vielen Situationen von Vorteil sein kann, führt übermäßige Selbst-überschätzung zu schlechten Entscheidungen und mangelndem Einfühlungsvermögen. In manchen Fällen kann das Erleben von Misserfolgen oder Rückschlägen dazu beitragen, Gefühle der Selbstüberschätzung zu überwinden und eine realistischere Perspektive zu entwickeln.

Warum Stress auch wichtig ist

»Die Wahrheit ist, dass der Stress nicht von deinem Chef, deinen Kindern, deinem Ehepartner, Verkehrsstaus, gesundheitlichen Problemen oder anderen Umständen ausgeht. Er kommt von deinen Gedanken über diese Umstände.« Andrew Bernstein

Stress ist die natürliche Reaktion auf eine gefühlte Herausforderung. Der Körper bereitet sich dabei auf eine mögliche Reaktion vor. Stress löst die Ausschüttung von Hormonen wie Cortisol und Adrenalin aus, die zu erhöhter Herzfrequenz, schnellerer Atmung und erhöhtem Blutdruck führen.

Eustress, also positiver Stress (›eu‹ ist eine griechische Vorsilbe, die so viel wie ›gut‹ bedeutet) motiviert Menschen dazu, Maßnahmen zu ergreifen und Aufgaben in Angriff zu nehmen. Er kann dazu beitragen, dass Menschen unter Druck besser arbeiten, ihre Konzentration und Wachsamkeit zu steigern und ihre kognitiven Funktionen zu verbessern.

Übermäßiger oder chronischer Stress hingegen wirkt sich nachteilig auf die körperliche und geistige Gesundheit aus.

Symptome wie Müdigkeit, Reizbarkeit, Angstzustände, Kopfschmerzen, Muskelverspannungen und Verdauungsprobleme werden damit in Verbindung gebracht.

Trotz seiner potenziellen negativen Auswirkungen ist Stress jedoch wichtig, denn er spielt eine entscheidende Rolle für die Fähigkeit des Körpers, auf ein sich veränderndes Umfeld zu reagieren und sich diesem anzupassen.

Wie kann Stress nun helfen?

- *Gesteigerte Motivation*: Stress ist ein starker Motivator, der uns dazu anspornt, etwas zu unternehmen oder Aufgaben zu erledigen, die wir sonst vielleicht aufschieben oder vermeiden würden. Nutzen wir also die Energie und den Fokus, den Stress bieten kann. Wie erkenne ich nun, ob mir in einer Situation diese Motivation zur Verfügung steht?

Achte auf Zeichen deines Körpers.

Schwitzt du plötzlich? Spürst du dein Herz schneller schlagen? Verkrampft sich dein Magen? Fühlst du dich auf einmal ängstlich, hilflos oder irritiert? Dann lohnt es sich, genauer hinzuschauen.

- *Widerstandsfähigkeit stärken*: Der Umgang mit Stress hilft, Resilienz zu entwickeln, das heißt: die Fähigkeit, sich von Herausforderungen und Rückschlägen zu erholen. Indem wir lernen, mit Stress umzugehen und uns an veränderte Umstände anzupassen, werden wir flexibler und sind besser gerüstet, um schwierige Situationen in Zukunft zu meistern.

- *Verbesserte Problemlösungsfähigkeiten*: Stressige Situationen können von uns verlangen, kreativ zu denken und Lösungen für komplexe Probleme zu finden. Indem wir Stress als Gelegenheit nutzen, unsere Problemlösungsfähigkeiten zu trainieren, verbessern wir unsere Fertigkeit, mit schwierigen Situationen umzugehen und schneller effektive Lösungen zu finden.

- *Gesteigerte Selbstwahrnehmung*: Stress kann uns auf Bereiche in unserem Leben aufmerksam machen, mit denen wir möglicherweise selbst nicht zufrieden sind, wie zum Beispiel unser Zeitmanagement oder die Art, wie wir in Situationen reagieren. Indem wir Stress als Gelegenheit nutzen, um über unsere Stärken und Schwächen nachzudenken, entwickeln wir automatisch ein größeres Selbstbewusstsein.

- *Verbesserte Beziehungen*: Stressige Situationen bieten uns auch die Möglichkeit, mit anderen in Kontakt zu treten. Indem wir nämlich die Unterstützung von Freunden, Familienmitgliedern oder Kollegen suchen, vertiefen wir unsere Beziehungen und schaffen ein Gefühl der Gemeinschaft. Du musst nicht immer alles allein machen. Menschen finden Freude daran, helfen zu können. Meist halten wir uns zurück, weil wir denken, wir wären dann etwas schuldig. Dem ist nicht so.

Warum solltest du immer hundert Prozent Verantwortung für deinen Stress und deine Sorgen übernehmen?

Verantwortung für unseren Stress und unsere Sorgen zu hundert Prozent zu übernehmen, bedeutet, anzuerkennen, dass externe Faktoren zwar zu unserem Stress beitragen können, dass er aber letztendlich unsere ganz persönliche Reaktion auf eine Situation darstellt.

Übernehmen wir die Verantwortung für unseren Stress, ermächtigen wir uns immer, Maßnahmen und positive Veränderungen in unserem Leben vorzunehmen. Anstatt uns als Opfer der Umstände zu sehen, können wir die Kontrolle über unser Stressniveau zurückgewinnen.

Indem wir die Verantwortung für unseren Stress übernehmen, werden wir uns unserer eigenen Gedanken, Gefühle und Verhaltensweisen bewusster. Diese Selbsterkenntnis kann uns helfen, Strategien im Umgang mit Stress zu entwickeln und umzusetzen.

Schließlich, wenn wir die Verantwortung für unseren Stress übernehmen, eröffnen wir uns die Möglichkeit, persönlich zu wachsen und uns weiterzuentwickeln. Hierfür müssen wir uns aber den Situationen stellen, die uns Stress verursachen.

Was andere über dich denken

›Aber ich kann das doch nicht. Was werden die anderen von mir denken?‹ Wer kennt solche Gedanken nicht? Aber warum ist uns die Meinung anderer denn so wichtig?

Der Mensch ist ein soziales Wesen und hat ein angeborenes Bedürfnis, dazuzugehören und akzeptiert zu werden. Wir befürchten also indirekt, dass andere uns ablehnen oder aus sozialen Gruppen ausschließen könnten, wenn sie schlecht von uns denken. Diese Angst kann ein sehr wirksamer Motivator für das Streben nach Anerkennung durch andere sein.

Wir vergleichen uns auch oft mit anderen, ohne es bewusst zu tun, und nehmen ihre Meinung als Maßstab für unseren eigenen (Selbst-)Wert. Wenn andere eine hohe Meinung von uns haben, fühlen wir uns selbst besser, weil das uns in unserem Selbstbild bestätigt.

Nicht zu unterschätzen sind dabei die ›geförderten‹ Blicke. Unsere Kultur und Gesellschaft messen dem sozialen Status und der Beliebtheit oft einen hohen Stellenwert bei – Stichwort: soziale Netzwerke –, was unseren Wunsch nach Anerkennung durch andere immer mehr beeinflusst. Denn waren es zuvor Menschen, die wir kannten, sehen wir uns jetzt dem Blick Unbekannter ausgesetzt.

*»Menschen, die immer daran denken, was
andere von ihnen halten, wären sehr überrascht,
wenn sie wüssten, wie wenig die anderen
über sie denken.« Bertrand Russell*

Letztlich verbringen manche viel Zeit, sich darum zu kümmern, was andere von ihnen denken. Auch wenn das Streben nach Bestätigung durch andere in gewisser Weise hilfreich sein kann, ist es wichtig, dies mit einem gesunden Selbstwertgefühl und Selbstakzeptanz auszugleichen.

Wie kann ich mir das zunutze machen?

Achtsamkeit führt dazu, dass wir uns unserer Gedanken und Gefühle im gegenwärtigen Moment bewusster werden. Indem wir unsere Gedanken unvoreingenommen beobachten, können wir eine objektivere Perspektive der Situation gewinnen und damit beginnen, negative Interpretationen zu hinterfragen.

Negative Selbstgespräche unterstützen die Idee, dass andere schlecht über uns denken. Um unsere Interpretation zu ändern, müssen wir diese negativen Gedanken abfangen lernen, infrage stellen und sie gezielt durch positivere ersetzen.

Manchmal bilden wir uns das aber auch nur ein und andere denken gar nicht schlecht über uns. Ein kurzes Nachfragen, ein Feedback von vertrauenswürdigen Freunden, Familienmitgliedern oder Kollegen kann uns helfen, ein wirklichkeitsnahes Bild davon zu bekommen, wie wir von anderen wahrgenommen werden.

Und wenn das nicht hilft?

1. Menschen werden immer jemanden finden, über den sie reden können.

Im Laufe der Geschichte haben die Menschen immer jemanden gefunden, über den sie reden konnten. Sie haben sich mit denen angelegt, die sie als anders oder als Bedrohung für ihre eigene Existenz empfanden. Dies ist in unserer Gesellschaft und Kultur tief verwurzelt und reicht bis zu den Anfängen des modernen Menschen zurück.

Tatsache ist, dass die Menschen immer etwas oder jemanden finden werden, über das / den sie reden können. Sie werden immer ihre Meinung kundtun und diejenigen ausgrenzen, die sie für schwach halten, für Außenseiter. Oder die einfach nicht zu den anderen ›passen‹, weil sie zu dick, zu dünn, zu dunkel, zu hell, zu religiös, zu fanatisch, zu klug, zu dumm oder was auch immer sind. Letzten Endes spielt das keine Rolle.

Die Menschen werden immer jemanden finden, über den sie reden können.

2. Dein Selbstwert wird nicht durch eine Bewertung definiert.

Egal, was Pessimisten um dich herum sagen mögen: Dein Selbstwertgefühl wird nicht durch eine Bewertung definiert. Es gibt keine objektive Bewertungsskala, die es anderen Menschen erlaubt, dich zu beurteilen. Sie wissen nicht, was du durchgemacht hast. Sie kennen deine Geschichte nicht, deine Schicksalsschläge, deine freudigen Momente oder den Weg, den du dafür gehen musstest, um die Person zu sein, die du heute bist.

Bei dem Thema erinnere ich mich an eine eindrucksvolle Geschichte, die ich einmal von einem Mann hörte, der in einer U-Bahn saß.

Er saß dort in der U-Bahn und sah zu, wie ein Vater seine drei Kinder völlig vernachlässigte. Zwei kleine Jungen und ein kleines Mädchen waren einfach außer Kontrolle geraten, und er hatte keine Ahnung davon. Er sah den Mann verächtlich an. Wie konnte er seine Kinder ignorieren? Wie konnte er zulassen, dass sie die anderen Fahrgäste in der U-Bahn störten?

Schließlich hatte sich der Mann genug in seinen eigenen Gedanken bewegt. Er war am Ende seiner sprichwörtlichen Geduld angelangt. Er musste etwas sagen. Wutentbrannt ging er auf den Vater zu und fragte ihn, warum er seine Kinder nicht kontrolliere.

Der Mann, der ihn mit einem bedauernden Gesicht ansah, entschuldigte sich ausgiebig. ›Ich weiß. Es tut mir leid. Ich sollte wohl etwas tun, nicht wahr?‹ Er schwieg einen Moment und blickte aus dem Fenster der fahrenden U-Bahn in die Schwärze auf der anderen Seite, wobei seine Augen glasig wurden.

Nach einer Pause erzählte er, was passiert war. Seine Frau war gerade an Krebs gestorben. Sie waren auf dem Rückweg vom Krankenhaus und er fragte sich, wie er es nun seinen Kindern sagen wollte.

3. Vertraue deiner Intuition.

Ein Grund, warum du auf keinen Fall auf die Meinung anderer Menschen hören solltest, ist deine Intuition. Du darfst darauf vertrauen, dass deine Eingebungen dir zum richtigen Zeitpunkt bewusst werden. Selbst die erfolgreichsten Menschen der Welt wurden für ihre Träume oder Handlungen verspottet. Der Punkt ist, dass du dein Leben leben musst, nicht das anderer. Das braucht Mut. Die gute Nachricht: Niemand ist perfekt. Deshalb hat auch niemand das Recht, dich für untauglich oder unwürdig zu erklären, nur weil du anders bist oder etwas anders tust.

4. Du wirst es mit deinen Entscheidungen nie allen recht machen können, also versuche es gar nicht erst.

Es ist buchstäblich unmöglich, es allen recht zu machen. Egal, welche Entscheidung du triffst, irgendjemand wird sich darüber aufregen können.

Jemand wird eine andere Meinung dazu haben, welchen Weg du einschlagen oder welche Richtung du wählen solltest. Sie werden dich danach beurteilen, was du für deine Kinder tust, was du für deine Karriere tust, was du für deine Ausbildung tust, wer deine Freunde sind, wo du deine Zeit verbringst, was du beruflich machst und alles andere dazwischen. Und trotzdem. Aus dem einen oder anderen Grund lassen wir es immer wieder zu, dass die Meinung anderer Menschen über uns und unsere Gefühle bestimmen.

5. Was für jemand anderen gut ist, ist vielleicht nicht gut für dich.

Wir sind alle so unterschiedlich. Wir haben verschiedene Erfahrungen gemacht, sind anders erzogen worden, haben unsere eigenen Werte und Überzeugungen, und so weiter. Und das hat einen guten Grund. Denn das, was für jemand anderen gut ist, ist es nicht unbedingt für dich. Unterschiedliche Bedürfnisse, unterschiedliche Weltansichten. Warum sollte die Meinung der anderen die einzig richtige sein?

6. Wieso es immer die bessere Wahl ist, den eigenen Weg zu gehen.

Eines der physischen Grundgesetze dieser Welt ist die Expansion. Alles hegt den Wunsch zu gedeihen. Nicht nur zu überleben. Der Mensch lebt, um Erfahrungen zu sammeln und zu lernen. Geht man seinen eigenen Weg, bieten sich uns die Möglichkeiten zu wachsen ganz von selbst an. Geht man aber den Weg eines anderen, muss man sich diese oft hart erarbeiten.

Schon gewusst?

Vertrauen ist eine Emotion, die durch den Glauben in die Zuverlässigkeit, Integrität und Ehrlichkeit einer anderen Person oder Einrichtung gekennzeichnet ist. Es wird oft als Grundlage gesunder und positiver Beziehungen beschrieben, da es dem Einzelnen ermöglicht, sich in seinen Interaktionen mit anderen sicher und wohl zu fühlen.

Das Vertrauen auf eine andere Person beinhaltet Überzeugungen über ihre Redlichkeit und ihre zukünftigen Handlungsweisen: Man erwartet, dass diese Person einem hilfreich sein – oder jedenfalls: nicht schaden – wird. Vertrauen bringt daher Kooperation hervor. Hierbei macht der Vertrauende Aspekte seines eigenen Wohlergehens und seiner Sicherheit vom Verhalten des Kooperationspartners abhängig, geht mit seinem Vertrauen also auch ein Risiko ein.

Es entsteht zum Beispiel durch positive Erfahrungen mit anderen, einem Gefühl gemeinsamer Werte oder Überzeugungen oder durch die Wahrnehmung von Kompetenz oder Fachwissen. Es kann auch durch kulturelle oder gesellschaftliche Faktoren wie zum Beispiel durch ein Gefühl der Gemeinschaft oder des sozialen Zusammenhalts beeinflusst werden.

Man muss aber wissen, dass Vertrauen ein zerbrechliches Gefühl ist, das erst im Laufe der Zeit durch beständiges und zuverlässiges Verhalten aufgebaut wird. Wird es einmal gebrochen, sollte die betroffene Person alles dafür tun, es schrittweise und konsequent wieder aufzubauen.

Tut sie es nicht, könnte das Einfluss auf ihre Selbsteinschätzung und auf das Gefühl der Zugehörigkeit nehmen.

Wir können dem Vertrauensbruch aber entgegenwirken, indem wir Ehrlichkeit, Verlässlichkeit und Respekt in unseren Interaktionen mit anderen in den Vordergrund stellen.

Über Groll und Unmut

Groll kann sich im Laufe der Zeit als Reaktion auf eine Vielzahl von Situationen oder Umständen aufbauen. Im Grunde genommen handelt es sich um verhaltenen Zorn.

Wenn Konflikte mit anderen nicht gelöst oder angesprochen werden, können Gefühle von Ärger, Frustration anhalten und sich mit der Zeit verstärken.

Gefühle des Grolls sind also nicht mit einem bestimmten psychischen Zustand verbunden, sondern resultieren aus dem unangemessenen Ausdruck von Gefühlen nach einer vermeintlich schmerzhaften Erfahrung.

Ursache dafür können unsere Erwartungen an andere oder an uns selbst sein. Werden die nicht erfüllt, fühlen wir uns enttäuscht, verletzt oder verärgert. Das Gleiche gilt, wenn wir eine Situation als unfair oder ungerecht ansehen. Wenn jemand, dem wir vertrauen, uns hintergeht, sei es zum Beispiel durch Täuschung oder durch den Bruch eines Versprechens.

Werden wir über einen längeren Zeitraum hinweg chronischem Stress oder Druck ausgesetzt, schwindet unsere emotionale Widerstandskraft, was zu Gefühlen von Frustration und Bitterkeit führt.

Groll kann – wenn wir nicht Acht geben – zu einem sehr machtvollen, starken Gefühl heranwachsen.

Wie können mir Unmut und Groll helfen?

Wie wir gesehen haben, entsteht Groll oft durch unerfüllte Erwartungen, unbewältigte Konflikte oder empfundene Ungerechtigkeit. Ein erster Schritt wäre also das Anerkennen der Ursache für dein Gefühl.

Eines der effektivsten Mittel gegen Groll ist die Vergebung. Es geht dabei nicht darum, etwas ungeschehen zu machen. Es geht auch nicht darum, etwas zu rechtfertigen. Die Aufgabe der Vergebung ist es, aus deiner Opferrolle herauszukommen und die Kontrolle über deine Emotionen wiederzuerlangen.

Erkenne dafür deine Gefühle an. Sie sind nur überwindbar, nachdem du sie anerkannt hast. In einem zweiten Schritt versuche zu verstehen, warum eine Person etwas getan hat. Empathie zu haben, erleichtert es, zu vergeben.

Wo könnte die betroffene Person selbst Opfer sein? Verwende die neuen Erkenntnisse, um deine Sichtweise zu verändern. Das hilft dir, dich wieder mit dir selbst (und deiner Meinung dazu) zu versöhnen.

Groll darf aber auch eine wertvolle Lernerfahrung sein. An welchen Leitbildern und Glaubenssätzen hältst du fest? Das Gefühl ermöglicht uns nämlich Einblicke in unsere eigenen Werte, Überzeugungen und Verhaltensweisen, die uns ohne vielleicht gar nicht mehr bewusst waren.

Ärger, Wut oder Groll haben auch immer mit Grenzen zu tun. Wo wurden über eine Zeitspanne hinweg deine Grenzen überschritten? Was hätte klarer kommuniziert werden müssen, damit es nicht dazu kommt?

Auch hier ist es ratsamer, sich auf die positive Entwicklung (›was mache ich jetzt damit?‹) zu konzentrieren, anstatt sich mit den negativen Gefühlen aufzuhalten.

Wenn Eifersucht ins Spiel kommt

Ich kann mit Sicherheit sagen, dass wir alle schon einmal in unserem Leben ein gewisses Maß an Eifersucht verspürt haben. Wenn jemand eifersüchtig ist, kann er ein breites Spektrum an Emotionen empfinden, von Wut über Skepsis bis hin zu Verlegenheit – und so ziemlich alles dazwischen. Schauen wir uns doch diese Gründe einmal genauer an:

1. Die Verunsicherung: Eifersuchtsgefühle können entstehen, wenn wir uns in Bezug auf uns selbst, unsere Beziehungen oder unseren Platz in der Welt unsicher fühlen. Diese Verunsicherung entsteht meist, weil wir andere als erfolgreicher, talentierter oder attraktiver einschätzen. Wir machen uns also kleiner, als wir sind. Das bringt uns zum nächsten Punkt.

2. Das Vergleichen: Wir haben das Vergleichen schon angesprochen. Indem wir dies tun, negieren wir unseren eigenen Weg und verlangen unbewusst, dass die Vergangenheit anders ist, als sie war. Im Grunde genommen sagen wir dabei nichts anderes als: ›Hätte ich es anders gemacht, wäre ich jetzt auch dort und hätte jetzt auch das / wäre jetzt auch so glücklich‹ und so weiter. Das kann unter Umständen eine Motivation für Veränderungen sein, führt aber eher zu einem verminderten Selbstwertgefühl.

3. Die Angst vor Verlust: Eifersucht kann auch aus einer Ängstlichkeit heraus entstehen, etwas oder jemanden zu verlieren, wie zum Beispiel einen Lebenspartner, einen Freund oder einen beruflichen Status. Oft kommt diese Angst unbewusst zum Zuge. In vielen Fällen sind die Ursachen für Verlustangst bereits in der (frühen) Kindheit zu finden, weil wir gerade im frühen Alter von unseren Eltern und unserem Umfeld abhängig sind.

4. Der Neid: Während es bei der Eifersucht in der Regel darum geht, etwas zu bewahren, was wir bereits haben, geht es beim Neid darum, etwas zu wollen, was jemand anderer sein Eigen nennt: materieller Besitz, Status oder Beziehung. Neid erwächst aus dem grundlegenden menschlichen Bedürfnis, sich selbst für wichtig und wertvoll zu halten. Erinnere dich immer daran, dass Neid mehr darüber aussagt, wie du dich selbst siehst, als über die Situation, die die Emotion ausgelöst hat.

5. Die Ungerechtigkeit: Schließlich kann Eifersucht auch aus einem Gefühl der Ungerechtigkeit oder Unfairness heraus entstehen. Wenn wir zum Beispiel das Gefühl haben, dass andere in irgendeiner Form einen Vorteil uns gegenüber haben, können wir auf ihren vermeintlichen Erfolg oder ihre Vorteile mit Eifersucht reagieren.

Wie kann nun Eifersucht mir helfen?

Eifersucht wird in der Regel als ein negatives Gefühl betrachtet, das uns selbst und anderen eher schadet. Wenn wir jedoch lernen, mit unserer Eifersucht auf gesunde Weise umzugehen, kann sie sogar Chancen für persönliche Entwicklung bieten. Hier sind einige Möglichkeiten, wie Eifersucht für die persönliche Entwicklung genutzt werden kann:

- *Selbstreflexion*: Wenn wir auf einen anderen Menschen eifersüchtig sind, ist das eine Gelegenheit, darüber nachzudenken, was wir in unserem eigenen Leben wirklich wollen. Eifersucht zeigt uns Bereiche auf, in denen wir uns unerfüllt oder ungenügend fühlen und ermutigt uns, unsere eigenen Ziele und Wünsche zu erkennen.

- *Motivation*: Eifersucht kann uns anspornen, härter zu arbeiten und Ziele anzustreben, die wir uns vielleicht bisher nicht zugemutet hätten. Wenn wir sehen, dass jemand anderes etwas erreicht hat, was wir uns auch wünschen, kann das sehr inspirierend sein.

- *Einladung zum Wachstum*: Indem wir unsere eifersüchtigen Gefühle erkennen und daran arbeiten, sie zu überwinden, können wir wichtige Fähigkeiten wie Empathie, Selbstbewusstsein und emotionale Regulierung entwickeln.

»Neid ist die Distanz zwischen dem,
was du jetzt bist, und dem, was du sein willst.«
Friedrich Nietzsche

- Stärkere Beziehungen: Indem wir offen und ehrlich über unsere Gefühle sprechen, können wir stärkere Bindungen zu den Menschen in unserem Leben aufbauen, die die Ursache für unsere Eifersucht sind. Anstatt in Gegensätzlichkeiten zu denken, steuern wir unser unangenehmes Gefühl so in Richtung der Verbundenheit.

Es ist wichtig, Eifersucht auf gesunde Weise zu handhaben. Bleibt sie unkontrolliert, entwickelt sie sich über kurz oder lang zu negativen Verhaltensweisen, Groll, Wut und Aggression. Dafür gibt es aber leider kein Patentrezept.

Wenn du dich dabei ertappst, neidisch auf jemanden zu reagieren, stell dir diese Frage: Profitiert diese Person von meinem Neid?

Wenn die Antwort Ja lautet, dann ist das wahrscheinlich nicht die Art von Neid, die zu positiven Veränderungen führen kann. Es handelt sich dann eher um eine Situation, die bei dir unrealistische Erwartungen weckt.

Wir leben in einer Zeit, in der andere Menschen davon profitieren, dass du dich neidisch fühlst. Influencer verdienen Millionen damit, ihre Realität so zu verbiegen, dass dein Leben im Vergleich dazu langweilig aussieht. Das meiste davon ist reine Fassade, also nimm nicht alles für bare Münze.

Sollte die Antwort Nein sein, dann kannst du sie als Motivation und Leitfaden nutzen. Und wenn du das tust, wird Neid plötzlich zu einer großen Chance für Wachstum.

Depressionen

»Depression ist die Unfähigkeit,
eine Zukunft zu konstruieren.«
Rollo May

Depression ist eine psychische Indisposition, die durch anhaltende Gefühle von Traurigkeit, Hoffnungslosigkeit und den Verlust von Interesse oder Freude am Leben gekennzeichnet ist.

Sie beeinträchtigt das Denken, Fühlen und Verhalten einer Person und ruft typische Symptome wie eine gedrückte Stimmung, negative Gedanken und fehlenden Antrieb hervor. Auch Freud- und Lustempfinden, Selbstwertgefühl, Leistungsfähigkeit und das Interesse am Leben können vermindert sein oder sogar verloren gehen.

Der Schweregrad und die Dauer von Depressionen variieren: Manche Menschen leiden unter leichten oder vorübergehenden depressiven Zuständen, während andere schwerere und lang anhaltende Symptome erleben. Depression kann auch in verschiedenen Formen auftreten, wie zum Beispiel die saisonal abhängige Depression.

Von depressiven Zuständen sind weltweit Millionen von Menschen betroffen.

Sie kann durch eine Vielzahl von Faktoren verursacht werden, darunter genetische Veranlagung, Ungleichgewichte in der Gehirnchemie, Umwelt-stressoren und Lebensereignisse wie Traumata oder Verluste.

Die Behandlung umfasst in der Regel eine Kombination aus Therapie, Medikamenten und Selbstfürsorgestrategien. Mit der richtigen Unterstützung sind viele Menschen in der Lage, sich von ihrer Depression zu erholen.

Wie kann dir nun eine Depression hilfreich sein?

Depressionen sind eine herausfordernde und schwierige Erfahrung, aber mit der richtigen Einstellung können sie auch eine Chance darstellen.

- *Gesteigerte Selbstwahrnehmung*: Depressionen sind Einladungen, in sich zu gehen. Durch Formen der Selbstreflexion kannst du ein besseres Verständnis für deine Gedanken, Gefühle und Verhaltensweisen entwickeln und lernen, Muster und Auslöser zu erkennen, die zu der Depression beitragen.

- *Resilienz aufbauen*: Die Überwindung einer Depression erfordert Widerstandsfähigkeit und Ausdauer. Indem du lernst, mit schwierigen Emotionen und Herausforderungen umzugehen, kannst du ein größeres Gefühl der inneren Stärke entwickeln, was auch in anderen Bereichen deines Lebens nützlich sein wird.

- *Einfühlungsvermögen entwickeln*: Die Depression fördert Einfühlungsvermögen und Mitgefühl für andere, die mit psychischen Problemen zu kämpfen haben. Wer die Herausforderungen und das Stigma, das mit Depressionen verbunden ist, selbst erlebt hat, wird eher bereit sein, für sich und andere Verständnis aufzubringen.

Nun gut, aber was kann ich konkret tun?

Depressive Zustände lindert die Bewegung. Es geht darum, vom Kopf zurück in den Körper zu kommen, also ins Hier und Jetzt. Du hast vielleicht jetzt nicht die Kraft, um stundenlang Sport zu treiben oder lange Stunden zu wandern. Musst du auch nicht. Fang klein an. Ein täglicher Spaziergang hilft schon. Verbinde ihn mit etwas, das du sowieso tun wolltest: Einkaufen zum Beispiel.

Eine weitere Möglichkeit ist, seine negativen Gedanken herauszufordern. Zum Beispiel könnte man den Gedanken ›Ich werde mich immer so fühlen‹ mit der Frage ›Woher weiß ich das?‹ herausfordern. Vielleicht kannst du den Gedanken auch mit Erinnerungen an Momente konfrontieren, wo du nicht so dachtest.

Einen Blick würde ich auch auf deine Ernährung werfen. Zuckerhaltige, salzige oder fettreiche Nahrungsmittel können ein vorübergehendes Gefühl der Behaglichkeit vermitteln, aber letztendlich verursachen solche Lebensmittel Blutzuckerspitzen,

Gewichtszunahme und schlechte Laune. Frisches Obst, Salate, mageres Fleisch, Lachs und Vollkornbrot sind eine bessere Wahl. Auch hier geht es am Ende um Gewohnheiten. Und die kann man ändern.

Sowohl Depressionen als auch Angstzustände können zu Schlaflosigkeit oder Schwierigkeiten beim Einschlafen und Durchschlafen beitragen. Tipps, wie du besser schlafen kannst, findest du im Abschnitt ›Emotionen und Schlaf‹ im Anhang.

Wasser ist für alle Körperfunktionen wichtig. Wer täglich eine ausreichende Menge Wasser trinkt, unterstützt den Körper bei der Ausscheidung von Giftstoffen, hilft so ziemlich allen inneren Organen und fördert sogar das klare Denken. Leider trinken viele Menschen eher Softdrinks, koffeinhaltige oder alkoholische Getränke. Ich habe da nichts dagegen, trinke ich die ja selbst auch gern. Aber ich bin mir dabei immer bewusst, dass sie dem Körper mehr Flüssigkeit entziehen, als ihm zu geben. Und das liegt an ihrer Zusammensetzung. Sie wirken nämlich ähnlich wie ein Diuretikum.

Bei Diuretika handelt es sich um entwässernde Medikamente. Sie kurbeln die Harnproduktion und die damit verbundene Ausscheidung (Diurese) an. Als Arzneimittel werden sie bei unzureichender Nierenfunktion, bei peripheren Ödemen und Lungenödemen sowie zur Behandlung des Bluthochdrucks und der Herzinsuffizienz eingesetzt.

Wenn eine Person sich depressiv fühlt, wählt sie oft unbewusst eine Routine, die die Symptome der Depression noch verstärkt. Eine Änderung solcher Gewohnheiten muss dabei nicht kompliziert sein. Anstatt sich nach der Arbeit direkt vor das Fernsehgerät zu setzen, könnte man zuerst einen kurzen Spaziergang machen. Es geht dabei darum, die täglichen Rituale zu durchschauen, die die Depression fördern. Vielleicht möchtest du einmal zuerst frühstücken und dann erst duschen gehen? Zuerst Sport treiben und dann erst zur Arbeit fahren? Stelle deinen Alltag auf den Kopf und schau, was passiert.

Keinen geordneten Tagesablauf zu haben, ist auch so eine Sache. Auch hier braucht es nicht viel. So ist es beispielsweise eine kleine, aber potenziell wichtige Änderung der täglichen Gewohnheiten, morgens aufzustehen, sich anzuziehen, anstatt im Pyjama herumzuliegen. Andere Ideen sind, jeden Tag den sozialen Kontakt zu suchen, einen kurzen Spaziergang zu machen oder ein Tagebuch zu führen. Die Etablierung neuer Gewohnheiten erhöht nämlich den Dopaminspiegel, was depressive Gefühle verringern kann.

Lachen ist eine weitere Methode zur Steigerung des Dopaminspiegels. Ich weiß, man hat nicht immer Lust, sich hinzusetzen und eine Comedy-Sendung anzuschauen, Witze zu lesen, mit anderen auszutauschen oder einfach nur an lustige Dinge zu denken. Tut man es trotzdem, kann das deine Stimmung aufhellen.

Wenn wir deprimiert sind, neigen wir dazu, uns mit uns selbst zu beschäftigen. Unsere Probleme tauchen in unseren Köpfen auf und verstärken das Gefühl der Überforderung. Eine einfache Lösung besteht darin, etwas Hilfreiches für andere Menschen zu tun. Und da gibt es viele Möglichkeiten. Von der ehrenamtlichen Tätigkeit bei einer örtlichen Wohltätigkeitsorganisation bis zu Nachbarschaftshilfe. Jede Ablenkung von den depressiven Gefühlen und vom eigenen Denken über sich selbst kann dazu beitragen, die Stimmung zu heben.

Der Beginn solcher Selbsthilfemaßnahmen erscheint für manche zunächst schwierig. Doch selbst eine kleine tägliche Veränderung erzeugt schnell neue Energie. Und wer weiß, es könnte ja sogar Spaß machen.

Schon gewusst?

Überraschung ist eine emotionale Reaktion auf etwas Unerwartetes. Sie ist gekennzeichnet durch ein Gefühl des Erstaunens oder Unglaubens, das oft von einer körperlichen Reaktion wie geweiteten Augen oder einem offenen Mund begleitet wird.

»Die besten Dinge im Leben sind unerwartet –
weil es keine Erwartungen gab.« Eli Khamarov

Man geht davon aus, dass Überraschung ein grundlegendes menschliches Gefühl ist. Es entwickelte sich als Überlebensmechanismus, um uns zu erlauben, schnell und effizient auf unerwartete Situationen reagieren zu können. Wenn wir überrascht sind, versetzt unser Gehirn uns in einen Zustand erhöhter Aufmerksamkeit, der es uns ermöglicht, zusätzliche Informationen aufzunehmen. Was eine schnelle Entscheidungsfähigkeit fördert.

Überraschung kann positiv oder negativ sein, je nach Art des unerwarteten Ereignisses oder der Offenbarung. Unabhängig von ihrer Wertigkeit ist die Überraschung ein wichtiger Teil unseres emotionalen Repertoires und spielt eine Schlüsselrolle bei der Gestaltung unserer Erfahrungen und der Wahrnehmung der Welt um uns herum.

Und dann kam die Angst

Angst ist eine emotionale und physiologische Reaktion auf eine wahrgenommene Gefahr.

Das Gehirn sendet dann Signale an den Körper, um ihn auf eine ›Kampf- oder Flucht‹-Reaktion vorzubereiten, und löst dabei die Ausschüttung von Adrenalin und anderen Hormonen aus, die die Herzfrequenz, die Atmung und den Blutdruck erhöhen und die Muskeln auf eine mögliche Aktion vorbereiten.

Ängste können durch eine Vielzahl von Faktoren ausgelöst werden, zum Beispiel durch physische Gefährdung, soziale Ablehnung, unbekannte oder unsichere Situationen und durch traumatische Erlebnisse in der Vergangenheit. Manche Ängste sind von Anfang an da, während andere durch Erfahrung oder soziale Konditionierung erlernt werden.

Welche Ängste gibt es denn überhaupt?

1. Spezifische Phobien: Hierbei handelt es sich um intensive, irrationale Ängste vor bestimmten Objekten oder Situationen, wie zum Beispiel Spinnen, Höhenangst oder Flugangst.

2. Soziale Ängste: Das sind Ängste vor sozialen Situationen oder Auftritten, in denen die Person von anderen kontrolliert oder beurteilt werden könnte.

3. Agoraphobie: So nennt man die Angst vor Situationen, in denen eine Flucht schwierig sein könnte oder keine Hilfe zur Verfügung steht, wie zum Beispiel auf öffentlichen Plätzen.

4. Generalisierte Angststörung: Menschen mit generalisierter Angststörung leiden unter einem ständigen Gefühl von Besorgtheit und Anspannung in Bezug auf alltägliche Ereignisse und Probleme. Dass man sich in bestimmten Situationen Sorgen macht, ist normal. Menschen, die unter dieser Form der Angst leiden, sorgen sich jedoch übermäßig, auch wenn unter Umständen gar keine besondere Gefahr besteht. Sie können ihre Sorgen oft kaum oder gar nicht kontrollieren.

5. Panik: Panikattacken treten urplötzlich und ohne einen besonderen Auslöser auf. Sie werden durch sich steigernde körperliche Angstreaktionen begleitet, wie zum Beispiel Herzrasen, Atemnot oder Schwindel.

6. Posttraumatische Belastungsstörung (PTSD): Die kann nach dem Erleben oder Miterleben eines traumatischen Ereignisses auftreten und ist durch Rückblenden, Albträume und intensive Gefühle gekennzeichnet.

7. Existenzielle Ängste: Hierbei handelt es sich um Ängste, die sich auf den Sinn des Lebens, den Tod und das menschliche Dasein beziehen, zum Beispiel die Angst vor dem Tod, vor der Sinnlosigkeit oder vor dem Unbekannten.

Was kann ich ganz konkret bei Angst tun?

- *Auszeit nehmen*: Es ist unmöglich, klar zu denken, wenn man Angst oder Furcht verspürt. Als Erstes rate ich, eine Auszeit zu nehmen, damit du dich körperlich beruhigen kannst. Lenke dich fünfzehn Minuten lang von deinen Sorgen ab, indem du eine Runde um den Block gehst, eine Tasse Tee trinkst oder ein Bad nimmst.

- *Atme dich durch den Moment*: Bleib dort, wo du gerade bist, schließe die Augen und fühle in dich hinein. Wo spürst du die Angst? Lege die Handfläche darauf und atme langsam und tief, bis sich das Gefühl verändert.

- *Stelle dich deinen Ängsten*: Wer Ängste vermeidet, macht sie nur noch unheimlicher. Was auch immer die Ursache für deine Angst ist, wenn du sie konfrontierst, wird sie immer weniger Auswirkungen in deinem Leben haben können. Hast du beispielsweise Angst, in einen Aufzug zu steigen, ist es am besten, wenn du es immer wieder mal versuchst. Dafür brauchst du vielleicht die Hilfe von jemand anderem, der dich auf deinem Weg begleiten kann.

- *Visualisieren*: Schließe die Augen und versetze dich in Gedanken zurück in einen Moment der Freude. Das kann die Erinnerung an einen schönen Strand sein, ein Geburtstagsfest, ein Konzertbesuch und so weiter. Lass dich durch die positiven Gefühle inspirieren, bis du dich entspannter fühlen.

Ziel ist es, den Geist daran zu gewöhnen, mit der Panik umzugehen, wodurch die Angst vor der Angst verschwindet.

Und jedes Mal, wenn du eine solche Situation gemeistert hast, gönnst du dir etwas Besonderes als Dankeschön an dich selbst.

Das Gefühl festzustecken

Fühlst du dich im Leben oder bei der Arbeit festgefahren? Hast du das Gefühl, dass da noch mehr sein sollte?

Ich darf dich beruhigen, du bist nicht allein.

Es ist eine fast universelle menschliche Erfahrung, sich irgendwann im Leben festgefahren zu fühlen.

Aber auch hier ist es ein Spiegel, der dir vorgehalten wird.

Inwiefern kann dir nun dieses Gefühl helfen?

- *Besinne dich auf Werte und Ziele*: Nimm dir Zeit, um über das nachzudenken, was du erreichen möchtest. Die Festlegung klarer und spezifischer Ziele gibt neue Orientierung und vielleicht auch einen neuen Sinn.

- *Was hält dich zurück?* Manchmal fühlen wir uns aufgrund äußerer Umstände oder einschränkender Glaubenssätze festgefahren. Finde heraus, was dich zurückhält, und überlege, wie du diese Hindernisse überwinden könntest.

- *Suche die kleinen Schritte*: Anders gesagt, fang an. Irgendwo. Mit irgendwas. Du weißt, welche kleinen Schritte du in Richtung Ziel tun kannst. Hauptsache, du kommst in Bewegung. Also vergiss den Berggipfel und such dir zuerst den geeigneten Pfad, der dich zu ihm führen wird.

- *Probiere etwas Neues aus*: Das Ausprobieren einer neuen Aktivität oder das Erlernen einer neuen Fähigkeit wirkt magisch, um ein Gefühl des Feststeckens zu überwinden. Verlasse deine Komfortzone und probiere etwas Neues aus, auch wenn es nur zum Spaß ist.

Schon gewusst?

Ehrfurcht ist eine Emotion, die als Reaktion auf etwas Großes, Schönes oder Überwältigendes auftritt und Gefühle des Staunens und der Transzendenz hervorruft.

Ehrfurcht beinhaltet tiefgreifende Auswirkungen auf unsere Gedanken, Gefühle und Verhaltensweisen und wird mit verbessertem Wohlbefinden, gesteigerter Kreativität und Neugierde in Verbindung gebracht. Sie kann auch dazu beitragen, unsere eigenen Probleme und Sorgen zu relativieren, was zu einem größeren Gefühl von Sinn und Zweck im Leben führt.

Trotz ihrer positiven Auswirkungen wird diese Emotion jedoch oft übersehen oder als frivol oder unpraktisch abgetan. Was löst denn dieses Gefühl im Alltag aus?

Erlebnisse in der Natur wie das Beobachten eines Sonnenuntergangs oder das Stehen am Rande eines Abgrundes zum Beispiel oder die Beschäftigung mit Kunst, Musik oder anderen kreativen Werken. Für manche Menschen können Gebetserfahrungen, Meditation oder die Verbindung mit einer höheren Macht Gefühle von Ehrfurcht und Transzendenz hervorrufen.

Prokrastination, was ist das?

Prokrastination [vom lateinischen Substantiv procrastinatio (Aufschub, Vertagung), das zusammengesetzt ist aus dem Präfix pro- (vor-, vorwärts-) und dem Substantiv crastinum,-i (morgiger Tag; vgl. das Adverb cras = morgen)], auch ›extremes Aufschieben‹ ist eine pathologische Störung, die durch ein unnötiges Vertagen des Beginns oder durch Unterbrechen von Aufgaben gekennzeichnet ist, sodass ein Fertigstellen nicht oder nur unter Druck zustande kommt. Das Gegenteil der Prokrastination ist die Präkrastination, das heißt: alles möglichst schnell erledigen zu wollen.« Quelle: Wikipedia

Unter ›Aufschieberitis‹ versteht man das Hinauszögern oder Aufschieben von Aufgaben oder Aktivitäten, die erledigt werden müssten. Es handelt sich dabei um eine weit verbreitete Verhaltensweise, die sich in verschiedenen Aspekten des Lebens zeigen kann.

Prokrastination wird oft durch negative Emotionen wie Angst, Unruhe oder Langeweile ausgelöst. Menschen vermeiden oder verzögern Aufgaben, die sie als schwierig, unangenehm oder überwältigend empfinden, und widmen sich stattdessen angenehmeren oder weniger dringlichen Aktivitäten.

Prokrastination kann zwar vorübergehend negative Emotionen lindern, führt aber dann oft zu erhöhtem Stress, geringerer Produktivität und Frustration durch verpasste Chancen.

Prokrastination kann auch zur Gewohnheit werden, da der Einzelne lernt, sich auf seine Vermeidungstaktiken als Bewältigungsstrategie zu verlassen. Mit etwas Mühe und Übung ist es jedoch möglich, die Prokrastination zu überwinden und effektivere Zeitmanagementstrategien zu entwickeln.

Wie kann ich Prokrastination vermeiden?

Als Erstes wäre da die Frage, warum man etwas vor sich herschiebt. Wenn du zum Beispiel etwas nicht in Angriff nimmst, weil du eine Aufgabe als zu groß empfindest, kann eine Aufteilung in kleinere, überschaubare Teile dazu führen, dass die Aufgabe weniger beängstigend erscheint. Wichtig dabei ist die Festlegung klarer und spezifischer Ziele mit realistischen Fristen.

Schaffe dir eine Umgebung, die deine Produktivität unterstützt. Verzichte deshalb bewusst auf mögliche Ablenkungen.

Gute Erfahrungen habe ich auch mit Zeitmanagement-Techniken gemacht.

Die ›Pomodoro‹-Technik (italienisch für ›Tomate‹) z.B. wurde von Francesco Cirillo in den 1980er Jahren entwickelt. Ihr Name kommt von einer Küchenuhr in Tomatenform, die bei der Entwicklung der Vorgehensweise half.

Diese besteht im Grunde genommen aus fünf Schritten:

1. Die Aufgabe schriftlich formulieren.
2. Wecker auf 25 Minuten stellen.
3. Die Aufgabe bearbeiten, bis der Wecker klingelt.
4. Phase mit einem X markieren und kurze Pause machen (5 Minuten).
5. Nach jeweils vier Zeitblöcken eine längere Pause einlegen (15–20 Minuten).

Nimm dich selbst in die Pflicht. Teile deine Ziele und Fristen mit einer anderen Person oder verwende ein Kontrollsystem, wie zum Beispiel eine To-do-Liste oder einen Kalender, damit du auf dem richtigen Weg bleibst.

Der Schlüssel zur Überwindung der Prokrastination liegt letztlich darin, aktiv zu werden. Beginne mit kleinen Schritten und baue nach und nach auf.

Und vergiss nicht: Der erste Schritt zur Überwindung der Prokrastination besteht darin, zu erkennen, dass man ihr unterliegt.

Motiviert sein, motiviert bleiben

*»Das Einzige, das zwischen dir und
deinem Ziel steht, ist die Geschichte,
die du dir immer wieder selbst erzählst.«*
Jordan Belfort

In der heutigen Zeit voller Möglichkeiten und Ablenkungen ist es schwer, konzentriert zu bleiben. Es braucht Ausdauer, Mut und Kraft.

Wenn du dir jedoch bewusst bist, was dir wichtig ist und was du in deinem Leben erreichen willst, wirst du auch die Motivation dafür finden. Die einen finden Möglichkeiten, die anderen Ausreden.

Große Ziele in kleine Schritte zu unterteilen, hilft, diese Schritte leichter zu bewältigen und die Motivation zu steigern. Wer würde denn beim ersten Training gleich einen Marathon laufen?

Wie sieht dein Leben aus, hast du einmal deine Ziele erreicht? Wie wirst du dich fühlen? Wie sieht dein Alltag aus? Die Visualisierung ist dein Freund und Helfer, um motiviert zu bleiben.

Umgib dich mit Menschen, Dingen und Orten, die dich inspirieren. Suche Vorbilder oder Mentoren, die die Qualitäten oder Leistungen verkörpern, die du anstrebst.

Feiere auch kleine Erfolge auf dem Weg. Belohnungen können ein starker Motivator sein, um positives Verhalten zu stärken. Teile ruhig deine Freude mit den Menschen, die dir wichtig sind.

Rufe dir in Erinnerung, warum du mit etwas überhaupt begonnen hast. Was war dein ›Warum?‹. Was wirst du damit für andere tun können? Vielleicht musst du auf deinem Weg dein Ziel anpassen. Diese Momente bieten dir eine Möglichkeit innezuhalten und zu sehen, wie weit du schon gekommen bist.

Zum Abschluss

Emotionen sind ein wesentlicher Bestandteil der menschlichen Erfahrung.

Sie liefern uns wertvolle Informationen über uns Selbst und unser Umfeld und spielen eine entscheidende Rolle für unser geistiges, körperliches und soziales Wohlbefinden.

Unsere Emotionen zu verstehen und mit ihnen umzugehen, ist eine (über-)lebenswichtige Fähigkeit, die unsere Beziehungen verbessern, unsere Entscheidungsfindung erleichtern und unser persönliches Wachstum fördern kann.

In diesem Buch haben wir eine Reihe von Emotionen erforscht, darunter Angst, Wut, Freude, Traurigkeit und viele weitere. Wir haben die zugrunde liegenden psychologischen und physiologischen Prozesse untersucht, die diese Emotionen hervorrufen, und wir haben verschiedene Strategien für einen effektiven Umgang mit ihnen beleuchtet.

Ich hoffe von ganzem Herzen, dass dieses Buch dir ein besseres Verständnis deiner Emotionen vermittelt und dir das nötige Rüstzeug an die Hand gibt, um sie auf gesunde und produktive Weise zu regulieren.

Denke daran, dass Emotionen nicht etwas sind, das man fürchten oder unterdrücken, sondern annehmen und verstehen sollte. Auf diese Weise kannst du die Kraft der Emotionen nutzen.

Und das ist alles, was ich dir wünsche.

Anhang

Die Tipp-Trick-Kiste

Emotionen und Schlaf

»Der Schlaf ist die goldene Kette, die
unsere Gesundheit und unseren Körper
zusammenhält.« Thomas Dekker

Der Schlaf spielt eine entscheidende Rolle bei der Regulierung unserer Stimmung. Wenn wir ausreichend und erholsam schlafen, wachen wir in der Regel erfrischt und mit besserer Laune auf.

Forschungsergebnisse deuten darauf hin, dass Schlafmangel zu erhöhter Reizbarkeit, Launenhaftigkeit und Angstzuständen führen kann. Schläft man zu wenig, beeinträchtigt man damit die emotionale Regulierung und wird auf Stressfaktoren im täglichen Leben empfindlicher reagieren. Chronischer Schlafmangel wird heute sogar mit Depressionen in Verbindung gebracht.

Eine gute Schlafhygiene ist insofern wichtig, da sie deinem Körper erlaubt, sich zu regenerieren. Während des Schlafs werden Botenstoffe freigesetzt, die das Muskelwachstum und die Muskelreparatur fördern und helfen, Infektionen und Krankheiten abzuwehren. Diese Hormonproduktion reguliert auch den Appetit und den Stoffwechsel.

Auf der mentalen Ebene hilft der Schlaf, Stress und Ängste abzubauen und kognitive Funktionen wie

Gedächtnis, Konzentration und Problemlösung zu verbessern.

Wie kann ich also die Qualität meines Schlafes verbessern?

Eine einzige Antwort auf diese Frage ist nicht möglich. Dafür sind die einflussnehmenden Faktoren zu vielseitig. Nichtsdestotrotz möchte ich im Folgenden auf einige Punkte eingehen:

- *Halte einen festen Schlafrhythmus ein*: Versuche, jeden Tag zur selben Zeit ins Bett zu gehen, und jeden Morgen um dieselbe Zeit aufzuwachen, auch an den Wochenenden. Klingt erst mal blöd, aber der Körper liebt die Wiederholung. Gehst du immer zur selben Zeit zu Bett, wird er sich darauf einstellen können.

- *Schaffe eine entspannende Schlafenszeit-Routine*: Entspanne dich vor dem Schlafengehen mit Aktivitäten wie Lesen, einem Bad oder Entspannungstechniken wie Musik hören oder Tagträumen. Viele glauben, dass man für einen guten Schlaf nichts mehr denken soll. Genau das Gegenteil ist der Fall. Lass deinen Gedanken freien Lauf.

- *Sorge für eine angenehme Schlafumgebung*: Schlafzimmer sollten eher kühl, ruhig und dunkel sein. Das weiß man schon seit langer Zeit. Wer jedoch bei der Matratze spart, spart am falschen Ort. Die sollte, wie die Kissen, bequem sein und dir ein Gefühl von Halt geben. Ich rate auch, die Internetverbindung über Nacht auszuschalten und elektrische Geräte vom Strom zu nehmen.

- *Begrenze die Bildschirmzeit vor dem Schlafengehen*: Das von elektronischen Geräten ausgestrahlte blaue Licht beeinträchtigt deinen Schlaf. Ich empfehle daher, eine Stunde vor dem Schlafengehen auf Bildschirme zu verzichten. Ein Klassiker ist zum Beispiel das Handy auf dem Nachttisch. Ich schalte immer die Datenverbindung aus. Warum? Nicht unbedingt, weil das Handy sonst während der ganzen Nacht immer wieder nach neuen Informationen und Updates sucht. Sondern vor allem, weil ich dann weiß, es können gar keine Informationen über meine Apps mehr hereinkommen. Also brauche ich auch nicht nachzusehen.

- *Vermeide Koffein, Alkohol und Nikotin*: Alle diese Substanzen wirken auf den Körper anregend, daher darf man kurz vor dem Schlafengehen auf sie verzichten. Auch zuckerreiche Nahrung gehört in diese Kategorie. Vor dem Schlafengehen zu viel zu trinken bedeutet, dass der Körper dich in der Nacht weckt, weil die Blase voll ist. Dein Schlaf wird also unterbrochen.

- *Treibe regelmäßig Sport*: Regelmäßiger Sport, oder Bewegung im weitesten Sinne, hilft, schneller einzuschlafen und einen tieferen Schlaf zu finden, sofern zwischen dem Schlafengehen und der körperlichen Aktivität mehr etwa zwei Stunden liegen.

- *Stressbewältigung*: Stress beeinträchtigt unseren Schlaf erheblich. Bist du hiervon betroffen, nimm dir einen Moment Zeit und übe dich in Techniken wie Achtsamkeit, Tiefenatmung oder Yoga – alles, was dir erlaubt, dich der inneren Anspannung zu entledigen. Eine gute Methode hier ist das Aufschreiben deiner Gedanken. In dieser Weise gibst du sie ›ab‹.

Emotionen und Körper

*»Emotionen haben ihre Wurzeln im
Unbewussten und manifestieren sich im Körper.«*
Irene Claremont de Castillejo

Zwischen unserem Körper und unseren Gefühlen besteht ein sehr enges Verhältnis. Wir können unseren Körper also gezielt nutzen, um unsere Gefühle zu beeinflussen.

- *Atemübungen*: Tiefes Atmen trägt dazu bei, das Nervensystem zu beruhigen und Angst- oder Stressgefühle zu reduzieren. Atme dabei langsam und tief ein und konzentriere dich auf das Empfinden, wie der Atem in deinem Körper ein- und ausströmt. Einige Minuten reichen schon aus.

- *Progressive Muskelentspannung*: Bei der progressiven Muskelentspannung werden verschiedene Muskelgruppen im Körper angespannt und dann wieder entspannt. Diese Technik hilft vor allem dabei, dich entspannter fühlst. Geführte Anleitungen dazu findest zu zuhauf auf Youtube.

- *Positive Körpersprache*: Unsere Körperhaltung beeinflusst unser Befinden. Schon gewusst? Und auch systematisch in Situationen umgesetzt? Aufrechtes Stehen oder Sitzen, ein hoch erhobener Kopf (Ohren über Schultern) wirken sich vor allem auf das Selbstvertrauen und Selbstwertgefühl aus. Den Effekt kannst du sehr schnell spüren. Steh auf, strecke die Arme gen Himmel, als hättest du ein Rennen gewonnen. Bleibe in dieser Siegerpose eine halbe Minute lang. Wie hat sich dein Gefühl während der Übung verändert?

- *Übe dich in Achtsamkeit*: Ich habe es schon angedeutet, aber Achtsamkeit ist und bleibt – wenn es um Emotionen geht – ein goldener Türöffner. Achtsam sein heißt: im gegenwärtigen Moment zu sein – ohne die aktuellen Emotionen zu beurteilen. Du wirst dir» deines Körpers und deiner Gefühle bewusster werden und sie so besser regulieren können. Nimm dir ab und zu einen kurzen Augenblick und spür einfach in deinen Körper hinein. Sind da Verspannungen irgendwo? Sendet dein Körper Signale irgendwelcher Art?

- *Bewegung*: Körperliche Aktivität setzt Endorphine frei, die natürliche Stimmungsaufheller sind. Mit Aktivitäten wie Tanzen, Laufen oder Yoga bringst du deinen Körper nicht nur in Bewegung, sondern hebst gleich auch deine Stimmung. Also, Musik aufdrehen und einfach mal lostanzen.

Indem du deinen Körper nutzt, kannst du eine positive Rückkopplungsschleife schaffen, die gute Gefühle verstärkt und dir hilft, weniger angenehme Emotionen auszuhalten.

Emotionen und Gedanken

Lernen wir, unsere Gedanken zu erkennen und bewusst zu steuern, werden sie auch immer wiederkehrende Gefühle verändern können. Wie schnell das gehen kann, illustriert die folgende Geschichte:

Einst ging ein Mann die Straße entlang, als er eine Gruppe Jugendlicher sah, die zu lachen begannen, als er in Sicht kam. Er fühlte sich sofort peinlich berührt und schämte sich, weil er annahm, dass sie sich über ihn lustig machten. Als er weiterging, gerieten seine Gedanken deshalb außer Kontrolle. Er begann, sich ängstlich und deprimiert zu fühlen.

Als er jedoch an ihnen vorbeiging, stellte er fest, dass die Jugendlichen tatsächlich über ein lustiges Video auf einem ihrer Handys lachten und ihn gar nicht wahrgenommen hatten. Plötzlich verschwand seine Verlegenheit und Scham und wurde durch Erleichterung und sogar Belustigung über die Situation ersetzt.

Wie hast du dich gefühlt, als du den ersten Teil der Geschichte gelesen hast? Wie am Ende des zweiten?

Wie können wir nun diese Tatsache nutzen?

- *Kognitive Umstrukturierung*: Bei der kognitiven Umstrukturierung geht es darum, negative oder verzerrte Gedanken zu hinterfragen und sie durch positivere oder realistischere zu ersetzen. Die Vorgehensweise kommt mit einem Ampelsystem: Rot fürs Aufmerksamwerden, dass man einen solchen Gedanken überhaupt hat. Gelb für das Hinterfragen, warum der Gedanke die Realität nicht wirklich abbildet. Und schließlich Grün für das Sichbewusstwerden, was man denn eigentlich stattdessen fühlen möchte.

- *Dankbarkeit*: Wenn du dich in einer Situation auf Dinge konzentrierst, für die du dankbar bist, lenkst du deinen Fokus von den negativen Aspekten auf die positiven. Die Intensität der wahrgenommenen Emotionen wird sich sofort verändern können.

*»Je dankbarer wir sind, desto mehr Freude
empfinden wir. Das liegt daran, dass
Dankbarkeit die Emotion ist, die das Herz
öffnet, um mehr Liebe und Freude zu empfangen.«
Deepak Chopra*

- *Positive Selbstgespräche*: Wie oft kritisieren wir uns gedanklich, anstatt auf positive und ermutigende Weise mit uns selbst zu sprechen? Hinter diesem inneren Kritiker verstecken sich mehrheitlich erlernte Muster und Erwartungshaltungen. Die haben selten etwas mit der aktuellen Situation zu tun. Sie sind eine Reaktionsweise, manchmal eine Angewohnheit. Und diese kann man hinterfragen und ändern.

- *Visualisiere positive Ergebnisse*: Die Visualisierung ist ein hervorragendes Werkzeug, um Unruhe aus der Situation zu bringen. Hierfür stellst du dir vor, wie du das Gewünschte schon erreicht hast. Wie fühlt es sich an? Wie sieht dein Alltag dann aus?

Emotionen und Atem

Die Atmung ist eines der wirkungsvollsten Instrumente zur Regulierung unserer Emotionen. Indem wir unseren Atem kontrollieren lernen, lernen wir auch, das parasympathische Nervensystem zu aktivieren.

»Gefühle kommen und gehen wie Wolken am windigen Himmel. Bewusstes Atmen ist mein Anker.«
Thich Nhat Han

Auch hier gibt es kleine Hilfen, wie wir die Atmung für unsere Zwecke nutzen können.

Durch eine vertiefte Atmung gelangt mehr Sauerstoff in den Körper. Dabei atmen wir tief in den Bauch hinein. Diese Form eignet sich sehr gut, wenn du eine kurze Phase der Entspannung brauchst.

Bei der Boxatmung zählst du beim Einatmen bis vier, zählst auf vier, während du den Atem dann anhältst, wieder auf vier beim Ausatmen und wieder auf vier, bevor du wieder einatmest.

Bei der Wechselatmung atmet man durch ein Nasenloch ein, während man das andere verschließt, und atmet dann durch das andere Nasenloch aus, während man das erstere verschließt.

Mit diesen Atemübungen erzeugst du sehr schnell ein Gefühl der Ruhe und Entspannung und bist in der Lage, Stress, Ängste und Anspannungen zu reduzieren.

Emotionen und Umgebung

In einem unterstützenden Umfeld können wir positive Gefühle fördern und Stress- und Angstgefühle abbauen.

- *Umgib dich mit positiven Menschen*: Die Menschen um uns herum haben einen großen Einfluss auf unseren emotionalen Zustand. Umgib dich mit Menschen, die positiv, unterstützend und aufbauend sind. Wenn das nicht geht, verringere die Zeit in Präsenz von Menschen, die dir nicht guttun.

- *Entrümpeln und Organisieren*: Ein unaufgeräumter und unorganisierter Raum kann das Gefühl von Stress und Überforderung verstärken. Je mehr Dinge du besitzt, desto mehr Energie wirst du brauchen, um sie zu hegen und zu pflegen. Also schau dich mal um! Was brauchst du noch? Was darf weiterziehen?

- *Beruhigende Farben wählen*: Farben haben einen erheblichen Einfluss auf unseren emotionalen Zustand. Die Verwendung von beruhigenden Farben wie Blau, Grün und Violett kann ein Gefühl der Ruhe erzeugen und die Entspannung fördern.

- *Aromatherapie*: Bestimmte Düfte wie Lavendel, Kamille und Pfefferminze fördern erwiesenermaßen die Entspannung und bauen Gefühle von Stress und Angst ab.

- *Gemütlichkeit und Komfort*: Die Schaffung eines harmonischen und behaglichen Raums unterstützt das Gefühl der Sicherheit und Freude. Verwende weiches Licht, bequeme Möbel und warme Decken, um eine gemütliche Atmosphäre zu schaffen. Wie wär's mit ein paar Kerzen? Oder Bilder von schönen Erinnerungen? Woran hättest du Freude, wenn du von einem langen Arbeitstag heimkommst?

Deine Umgebung trägt deine Energie. Sie sollte dir eine Möglichkeit bieten, zu dir zu finden und dich zu entspannen.

Emotionen und Musik

Wer kennt das nicht? Das steckt man etwas missmutig im Abendverkehr fest und plötzlich kommt da dieses eine Lied im Radio und die ganze Welt hellt sich auf.

Musik ist ein mächtiges Instrument. Das Hören bestimmter Arten von Musik kann die Entspannung fördern, Stress- und Angstgefühle reduzieren und unsere Stimmung merklich verbessern.

Wähle die Musik, die zu der gewünschten Stimmung passt, die du empfinden möchtest: Wenn du dich niedergeschlagen oder ängstlich fühlst, wähle beruhigende und besänftigende Klänge. Wenn du dich glücklich und energiegeladen fühlen möchtest, dann beschwingte und lebendige Stücke.

Baue deine eigene Wiedergabeliste: Stelle eine Liste von Musikstücken zusammen, die positive Gefühle fördern oder dir ein gutes Gefühl wiedergeben können. Wenn du dann einen Stimmungsaufheller brauchst, musst du nicht noch nach den passenden Stücken suchen. Mache dir eine Playlist fürs Entspannen, für den Sport und so weiter. Achte dabei nicht nur auf die Melodie, sondern auch auf die gesungenen Worte, denn – das haben wir gesehen – Worte können dein Empfinden erheblich be-einflussen.

Nutze Musik, um dich zu konzentrieren. Hierzu eignet sich vor allem Instrumentalmusik. Während anspruchsvoller Aufgaben Musik zu hören, blendet Ablenkungen aus und hilft dir, den Fokus auf etwas gerichtet zu halten.

Das Spielen eines Instruments oder das Mitsingen deines Lieblingssongs hilft in jeder Gefühlslage. Das Musizieren mit der eigenen Stimme macht gute Laune und steigert das allgemeine Wohlbefinden. Außerdem bringt Singen das Herz-Kreislauf- sowie das Immunsystem auf Trab, baut körperlichen und psychischen Stress ab und verbessert die kognitive Leistung.

Ein weiterer Tipp: der Besuch von Live-Musik-veranstaltungen. Die Immersion in der Musik und das Gefühl der Verbundenheit mit den anderen Zuhörern führt zu Geborgenheit und Freude.

Zuletzt möchte ich noch auf die Solfeggio-Frequenzen zu sprechen kommen. Solfeggio-Frequenzen beziehen sich auf bestimmte Klangfarben, die verschiedene Aspekte der Gesundheit von Körper und Geist unterstützen und fördern. Eine Frequenz wird immer in Hertz (Hz) angegeben und beschreibt, wie viele Schwingungen pro Sekunde einen Ton auslöst.

Die sechs Solfeggio-Kernfrequenzen sind in folgender Liste abgebildet:

174 Hz – Beruhigung, Erdung, Schmerzlinderung
396 Hz – Befreiung von Schuld und Angst
417 Hz – Harmonie, der Einklang zwischen dem Menschen und des Universums
432 Hz – (auch Kammerton genannt) Dankbarkeit und innerer Frieden, Synchronisation der Gehirnhälften, gesunder Zellstoffwechsel
528 Hz – Herzfrequenz, DNA-Reparatur, Heilung, Wunder erleben
639 Hz – Verbindung und Beziehung zu anderen stärken und harmonieren
741 Hz – Entdecken der eigenen Gaben, Lösung von Problemen, Erwachen der Intuition
852 Hz – Spirituelles Erwachen, Rückkehr zu sich selbst, Einssein mit Körper und Seele

Du findest eine große Auswahl an solchen Musikstücken zum Beispiel auf Youtube, wo du einfach nach der gewünschten Frequenz suchen kannst.

Mehr Informationen zum Wirken
des Autors finden Sie auf:
www.jpa.ch